CONSTITUTION
POLITIQUE
DE L'ESPAGNE.

IMPRIMERIE DE FAIN, PLACE DE L'ODÉON.

CONSTITUTION
ESPAGNOLE.

PRIX : 1 fr. 25 c.

CONSTITUTION
POLITIQUE
DE LA MONARCHIE
ESPAGNOLE,

PROMULGUÉE A CADIX LE 19 MARS 1812, ET ACCEPTÉE PAR LE ROI LE 8 MARS 1820;

Précédée du Rapport de la Commission des Cortès chargée de présenter le Projet de Constitution.

TRADUIT DE L'ESPAGNOL EN FRANÇAIS,

Par E. NUNEZ DE TABOADA,
DIRECTEUR DE L'INTERPRÉTATION GÉNÉRALE DES LANGUES.

TROISIÈME ÉDITION,
REVUE PAR PLUSIEURS CORTÈS,

Et augmentée de la liste générale des membres des Cortès et des actes du Gouvernement espagnol jusqu'au 10 mars 1820.

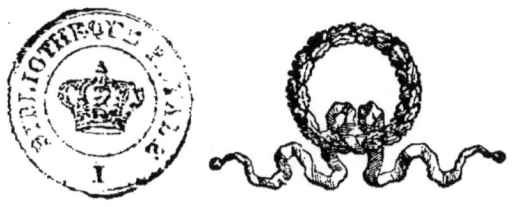

A PARIS,
CHEZ LADVOCAT, LIBRAIRE,
ÉDITEUR DES FASTES DE LA GLOIRE,
PALAIS-ROYAL, GALERIE DE BOIS, N.ᵒˢ 197 ET 198.

1820.

RAPPORT

DE LA COMMISSION DES CORTÈS,

CHARGÉE

DE PRÉSENTER LE PROJET DE CONSTITUTION.

Nosseigneurs,

La commission que vous aviez chargée de rédiger un projet de constitution pour la nation espagnole, vient soumettre aujourd'hui à votre auguste congrès le fruit de ses méditations. Elle ne s'est pas dissimulé un seul instant l'importance et la gravité d'une entreprise dont la grandeur aurait fini par la décourager, en lui révélant l'insuffisance de ses propres forces, si elle n'avait compté en même temps sur vos lumières pour aplanir toutes les difficultés.

Si nous n'avons pas répondu dignement à vos désirs, si notre travail est encore au-dessous de l'attente publique, il nous est permis d'espérer, sinon d'avoir atteint la perfection dans l'exécution de vos ordres, du moins d'avoir ouvert à votre sagesse la route qu'elle aura à suivre dans la discussion, pour arriver au but tant désiré par la nation entière. Nous ne vous présentons rien qui ne se trouve consacré d'avance de la manière la plus authentique et la plus solennelle par les différens codes de la législation espagnole, à moins qu'on ne veuille considérer comme nouvelle la méthode avec laquelle nous avons distribué et classé, en un système constitutif et harmonique, toutes les dispositions fondamentales des lois de l'Aragon, de la Navarre et de la Castille, relatives à la liberté et à l'indépendance de la nation, aux droits et aux obligations des citoyens, à la dignité et aux attributions respectives du roi et des magistrats, à l'établissement et à la disposition de la force armée, au régime économique et à l'administration des provinces. Le projet qui est présenté aujourd'hui à votre auguste congrès d'après ces bases primitives, n'est point revêtu de ces couleurs éclatantes qui brillent ordinairement dans les œuvres des publicistes et dans les traités du droit public : nous n'avons pas cru que cet appareil scientifique fût nécessaire, s'il n'est pas toutefois déplacé, dans l'expression claire et simple du texte précis de la loi constitutive d'une monarchie. Mais en même temps nous n'avons pu nous dispenser d'adopter la méthode qui nous a paru le plus analogue à l'état présent de la nation, aux perfectionnemens du système administratif, inconnus lors de la publication des différens codes de notre législation : système dont il n'est plus possible de s'écarter aujourd'hui, si nous voulons rendre hommage aux convenances de la civilisation actuelle, à l'exemple de nos premiers législateurs qui ne manquèrent pas de consulter la nature et les besoins des localités, avant d'établir des lois pour les contrées du royaume situées dans d'autres parties du globe.

Nous aurions désiré que notre empressement à répondre au plus tôt à la confiance de l'auguste congrès, la noble impatience du public pour l'accomplissement de notre mission, et le manque de secours littéraires où nous nous sommes trouvés, nous eussent permis de donner à ce travail la perfection nécessaire pour mériter votre bienveillance et la gratitude de la nation ; nous aurions pu prouver ici, par de nombreux matériaux, que toutes les dispositions contenues dans le projet de votre commission ne sont pas nouvelles, et qu'elles avaient été déjà en vigueur dans le royaume. Ces recherches, quelque pénibles, quelque difficiles qu'elles soient, votre commission n'aurait pas manqué de les faire pour se justifier de tout reproche d'innovation dans l'esprit des personnes qui, peu versées dans l'histoire et l'ancienne législation de l'Espagne, pourraient être tentées de croire que nous avons puisé nos idées chez des nations étrangères, ou qu'une vaine démangeaison d'innover nous a fait introduire dans la législation actuelle des principes inconnus, quoique jadis en vigueur dans le royaume, ou formellement contraires au système de gouvernement adopté depuis les guerres de la succession. Aussi n'est-ce pas sans douleur que votre commission a porté ses regards sur le voile épais qui, sous les derniers règnes, a caché aux yeux du peuple l'importante histoire de nos cortès, connaissance réservée aux savans et aux gens de lettres, dont les recherches à cet égard n'avaient au reste pour objet qu'un simple but d'érudition, plutôt qu'aucun intérêt politique. Si le gouvernement n'osa pas encore défendre ouvertement la lecture des cahiers des cortès, il mit si peu d'empressement à en publier des éditions complètes et à la portée de tous, tant d'ardeur à prohiber tout écrit qui rappelait à la nation ses droits et ses libertés primitives, sans compter la suppression scandaleuse des lois bienfaisantes et libérales dans les nouvelles éditions de quelques recueils de droit, qu'il en résulta un oubli presque universel de notre véritable constitution, jusqu'au point d'attirer le dédain et la défiance sur les personnes qui manifestaient encore de l'attachement pour les antiques lois de la Castille et de l'Aragon.

La lecture de ces précieux monumens aurait familiarisé la nation avec les idées saines de cette liberté politique et civile, défendue avec tant d'énergie, et si souvent réclamée par nos ancêtres dans leurs adresses aux cortès, à qui ils ne cessaient de demander, par l'organe de leurs députés, et avec la fermeté d'hommes libres, la réforme des abus, l'amendement ou l'abrogation des lois nuisibles, et la répression des injustices. Elle aurait contribué également à convaincre les Espagnols que ce désir de mettre un frein à la dissipation et à la prodigalité du gouvernement, d'améliorer le système légal et les institutions publiques, a toujours été l'objet des réclamations constantes de nos cités, et du zèle ardent de leurs députés; et que, de tous les décrets émanés jusqu'à ce jour de votre auguste congrès, il n'en est pas un seul qui ne soit conforme à l'esprit des adresses présentées dans tous les temps aux cortès; qu'au contraire votre prudence a respecté bien des choses dont on demandait jadis, d'un ton ferme et prononcé, la réforme ou la suppression. Il est vrai que la lecture des historiens de l'Aragon, si supérieurs à ceux de la Castille, ne laisse rien à désirer à celui qui veut s'instruire de l'admirable constitution de ce royaume; mais la nation aurait trouvé, dans les cahiers des cortès des deux couronnes, des preuves éclatantes de la grandeur et de l'élévation du génie de nos ancêtres dans leurs vues, de la fermeté et de la dignité de leur caractère dans leurs assemblées et leurs conférences, du bon esprit de liberté et d'indépendance qui les animait, de leur amour pour l'ordre et la justice, et de ce discernement exquis qui leur avait appris à ne jamais confondre, dans leurs adresses et leurs réclamations, les intérêts de la nation avec ceux des corporations ou des individus. Mais la funeste politique de l'ancien gouvernement avait tellement su étouffer ce goût et cette affection nationale pour ces grands principes de nos antiques constitutions, principes répandus dans tous les codes de notre jurisprudence, répétés, expliqués et commentés par nos publicistes, qu'on ne peut attribuer qu'à un plan suivi par le gouvernement l'ignorance déplorable de tant de personnes qui ne voient qu'une imitation servile ou des nouveautés dangereuses et subversives dans ce qui n'est que l'exposé simple des faits historiques rapportés par les Blanca, les Queita, les Anglesia, les Mariana, et tant d'autres estimables et profonds écrivains qui ont traité expressément ou d'une manière incidente, et toujours avec autant de talent que de force, des statuts et des lois, des usages et des coutumes antiques de la nation. Pour justifier cette assertion, il suffit de citer les dispositions du code, dit *Fuero-Juzgo*, sur les droits du peuple, du roi et des citoyens, sur l'obligation commune à tous d'être fidèles aux lois, sur leur formation et leur exécution, etc. La souveraineté de la nation est reconnue et proclamée de la manière la plus authentique et la plus solennelle dans les dispositions fondamentales de ce code. Elles déclarent que la couronne est élective; que personne ne peut prétendre au trône, s'il n'y est appelé par le choix de la nation: que le roi doit être nommé par les évêques, les grands du royaume et le peuple; elles expriment également les qualités qu'il faut avoir pour être élu; elles déterminent les droits respectifs du roi et de son peuple, et attribuent expressément la puissance législative aux représentans de la nation conjointement avec le roi. Il y est expressément enjoint au monarque et à tous ses sujets, sans distinction de dignité et de rang, d'être fidèles aux lois, avec défense au roi d'attenter à la propriété de personne, sous peine de restitution et de dédommagement. En présence de dispositions aussi claires, aussi précises, aussi solennelles, qui pourra se refuser à reconnaître, comme un principe incontestable, que l'autorité souveraine émane en principe et réside essentiellement dans la nation? Comment, sans cela, nos ancêtres auraient-ils pu élire leurs rois, leur imposer des lois et des devoirs, et en exiger l'observation? Et si cette vérité est de toute évidence et d'une authenticité irréfragable, ne fallait-il pas, pour soutenir le contraire, désigner l'époque à laquelle la nation s'était dépouillée elle-même d'un droit aussi intimement lié et aussi essentiel à son existence politique? N'était-il pas nécessaire de produire les actes par lesquels la nation s'était authentiquement dessaisie de sa liberté? Mais on a beau chercher et fouiller dans nos annales et nos monumens historiques, on a beau entasser les sophismes et les subtilités, l'histoire et le raisonnement prouvent de la manière la plus authentique que la couronne a continué d'être élective en Aragon comme dans la Castille, même après la restauration.

Avant le douzième siècle la Castille n'avait point de loi fondamentale qui déterminât avec clarté et précision le mode de succession au trône, comme on peut en juger par les troubles qui suivirent si souvent les dissensions survenues entre les fils des rois de Léon et de Castille; et la coutume d'associer au trône et de faire reconnaître par les cortès, du vivant du roi, comme héritier de sa couronne, le prince ou le parent désigné pour lui succéder, ne pouvait provenir que du défaut de lois constitutionnelles sur un point aussi important et aussi essentiel au bien-être de la nation.

Jamais l'Espagne n'a pu oublier que la couronne était élective dans les commencemens de sa monarchie; la preuve en est dans les fastes de nos royaumes. Entre autres événemens que nous pourrions citer ici, nous distinguerons celui qui eut lieu en 1462 dans la principauté de Catalogne, où les États, après avoir opposé une noble résistance à Don Juan II, roi d'Aragon, le déposèrent solennellement du trône. La Castille en usa de même à l'égard de Henri IV en 1465, à cause des vices de son gouvernement et de sa mauvaise administration. Il avait été question dans les cortès de Tolède en 1406, à l'occasion de la minorité de don Juan II, de faire passer la couronne sur la tête de son oncle l'Infant don Ferdinand, et cette proposition était fondée sur le droit qu'a la nation de choisir son roi, conformément à l'usage commun du royaume. Enfin une autre preuve de ce droit imprescriptible de la nation, c'est la coutume solennelle, qui s'observe encore de nos jours, de prêter serment au prince des Asturies, du vivant de son père, coutume établie pour consolider de plus en plus les lois de l'hérédité. Ce n'est pas une chose moins digne de remarque, que le soin et la vigilance de l'Aragon et de la Castille à maintenir les statuts et les lois qui garantissaient les droits de la nation sur le point essentiel de la formation des lois. Les dispositions du code goth à ce sujet furent rétablies dans ces deux royaumes, dès qu'ils se virent délivrés du joug des Arabes. Alors reparurent les congrès nationaux des Goths sous le nom de cortès généraux d'Aragon, de Navarre et de Castille, dans lesquels le roi, les prélats, la noblesse et le peuple, faisaient les lois, accordaient des impôts, établissaient les contributions, et décidaient toutes les affaires de quelque importance qui leur étaient présentées. Il y avait cependant entre ces trois états quelque différence dans la tenue et la forme de ces assemblées, dans le mode de leurs délibérations, et dans la manière de promulguer les lois. L'Aragon avait des institutions plus libérales que la Castille : son roi ne pouvait s'opposer ouvertement aux décisions des cortès, et ces décisions devenaient lois du royaume, si la nation y persistait. La formule usitée pour la publication des lois est encore bien remarquable; et elle est conçue en termes si clairs et si précis, qu'il ne peut s'élever aucune espèce de doute sur leur véritable sens. Voici le début de cette formule : *Le roi, d'après la volonté des Cortès, statue et ordonne.* Il n'en était pas de même en Castille, où l'autorité du monarque et l'influence des ministres, faute de lois claires, n'avaient pas de limites bien déterminées dans tous les cas. Cependant, malgré cette imperfection, la constitution de la Castille est admirable, digne de respect et de vénération : elle défendait au roi de partager le royaume, d'attenter à la propriété de personne; elle ne permettait pas de détenir un citoyen qui fournissait caution; en vertu d'un ancien statut d'Espagne, elle frappait de nullité toute sentence rendue contre un individu par ordre du roi; elle défendait de lever aucune contribution, aucun tribut, aucun impôt quelconque sans le consentement de la nation réunie en cortès; et ce qu'il y a de bien singulier, c'est que l'impôt demandé n'était accordé que lorsque les cortès avaient obtenu du roi un dédommagement convenable dans la réforme des abus parvenus à leur connaissance : privilége dont la nation s'était toujours montrée si jalouse, que plus d'une fois elle manifesta son ressentiment pour un refus par des actes de violence et d'insurrection, comme il arriva dans les violentes émeutes excitées à Ségovie et dans plusieurs autres villes de la Castille, par le refus de Charles V de satisfaire aux plaintes présentées par les députés du royaume, après que les cortès réunis à la Corogne lui eurent accordé les subsides qu'il avait demandés. Mais rien de tout cela n'est comparable aux dispositions de la constitution aragonaise pour la garantie des priviléges et des libertés de la nation et des citoyens. Outre la démarcation des limites de l'autorité royale, comme en Castille, on regardait dans l'Aragon la fréquente convocation des cortès comme le moyen le plus efficace pour assurer le respect et l'exécution des lois. En 1283, sous le règne de Pierre III, dit *le Grand*, il fut décrété que le roi convoquerait les cortès généraux une fois chaque année (1) : c'était aux cortès qu'il appartenait de faire la paix ou de déclarer la guerre; et ce droit, que la nation s'était réservé, offrait une barrière de plus à l'autorité royale, et préservait la liberté publique du malheur de devenir victime d'une guerre entreprise ou provoquée dans cette intention par le roi. Comme dans la Castille, les contributions étaient librement consenties par la nation réunie en cortès, les états de dépenses soumis à leur vérification, et tous les fonctionnaires publics tenus de leur rendre compte de leur administration. Outre les réunions périodiques et fréquentes des cortès, les Aragonais avaient encore le privilége dit *de l'Union*, institution si singulière, qu'on n'en trouve point d'exemple chez les autres nations connues. Son objet était de s'opposer ouvertement à toute usurpation du roi et de ses ministres sur les droits et les libertés du royaume, de le détrôner même et d'en élire un autre à sa place (2). Le mode de procéder de cette institution était déterminé par des lois fixes; son autorité s'étendait jusqu'à donner des ordres au roi, et à exiger de lui la réparation des injustices commises contre la nation, comme il arriva à Alphonse III. Mais cette association formidable à l'ambition des ministres et des rois, succomba sous les armes de Pierre IV, dit *le Cruel*, qui força les cortès à l'abolir en 1348. Cependant l'Aragon conserva le *Justicia* dont l'autorité était encore la sauvegarde de la liberté civile et la garantie de la sûreté individuelle. L'indépendance des augustes fonctions de ce magistrat, assurée par les lois, le privilége qu'il avait d'évoquer à son tribunal les causes criminelles, pour donner aux accusés le moyen de se défendre contre le crédit des ministres; le droit de se mettre à la tête des troupes de l'Aragon, et de les conduire contre le roi lui-même ou son successeur, si l'un ou l'autre se permettait d'introduire des armées étrangères dans le royaume; telles étaient les principales attributions de ce pouvoir immense dont la chute, irrévocable comme celle du tribunal de l'Union, fut la suite de la défaite désastreuse des Aragons commandés par le dernier *Justicia* don Juan de Lanuza, contre l'armée castillane injustement envoyée par Philippe II pour soumettre Saragosse. Outre cette magistrature auguste et tutélaire, l'Aragon avait encore différentes lois et divers statuts qui protégeaient la liberté des citoyens : telle était la loi qui défendait d'appliquer personne à la torture, dans le même temps que cette épreuve barbare et cruelle était dans toute sa force en Castille et dans toute l'Europe.

La constitution de la Navarre mérite d'autant plus de fixer l'at-

---

(1) *Que el señor rey faga cort general de Aragoneses en cada un ano una vegada.*

(2) *Encara que sea pagano*, encore qu'il soit païen, comme le dit le secrétaire Antonio PEREZ, dans ses *Relations*.

tention de votre auguste congrès, qu'elle est encore en vigueur et en exercice. Nous y trouvons un argument irrésistible pour convaincre ceux qui pourraient s'obstiner encore à regarder, comme institutions étrangères à notre patrie, des droits et des usages en vigueur aujourd'hui même dans une des provinces du royaume les plus heureuses et les plus dignes d'envie, où le gouvernement, tandis que le reste de l'Espagne, pliait de concert et sans la moindre résistance sous sa volonté, trouvait une barrière insurmontable à l'exécution de ses ordres et de ses mesures, toutes les fois qu'ils étaient contraires à la loi ou au droit commun de la nation. Tout ce que nous avons dit au sujet des lois constitutionnelles de l'Aragon, à l'exception du *Justicia* et du privilége de l'Union et de l'évocation, était sanctionné et observé dans la Navarre. Aujourd'hui même encore la Navarre assemble ses cortès, dont les réunions, auparavant annuelles comme en Aragon, avaient été réduites à une session tous les trois ans : cet intervalle était occupé par une députation. Les cortès de la Navarre jouissent d'une grande autorité : aucune loi ne peut être établie sans leur libre consentement; ils délibèrent sans l'assistance du vice-roi, et les projets de loi consentis dans leur sein sont approuvés ou rejetés par le roi; ils ont même le droit de soumettre à leur propre révision les lois déjà approuvées par le monarque, et de s'opposer à leur exécution, s'ils les trouvent contraires ou préjudiciables à l'objet proposé, en adressant des représentations au roi, jusqu'à ce qu'il consente au vœu de la nation exprimé par les cortès. Le roi, de son côté, pouvait aussi refuser absolument la promulgation de la loi proposée par les cortès, et l'insertion aux cahiers des lois, s'il ne la jugeait pas conforme à ses propres intérêts. La Navarre n'est pas moins jalouse du droit de s'imposer elle-même. Les lois sur les contributions y sont soumises aux mêmes formalités que les autres, pour obtenir l'approbation des cortès, et aucun impôt ne peut être levé dans toute l'étendue du royaume, s'il n'a été consenti par les cortès qui, pour maintenir leur autorité à cet égard dans la plénitude la plus absolue, donnent à toute espèce de contribution le nom de *don volontaire*. Les ordonnances, les règlemens du roi, etc., n'y peuvent être mis à exécution avant d'avoir été approuvés par les cortès, ou, en leur absence, par la députation, avec les formalités accoutumées. Les attributions de cette députation sont également très-étendues; son objet principal est de veiller au maintien de la constitution et à l'observation des lois, de s'opposer à l'exécution de toutes les ordonnances et de tous les décrets du roi qui y sont contraires; de réclamer contre toutes les mesures du gouvernement, attentatoires aux droits et aux libertés de la Navarre, et de prendre connaissance de tout ce qui a rapport à l'économie et à l'administration politique du royaume. L'autorité judiciaire y est aussi très-indépendante du pouvoir du gouvernement. Le conseil de Navarre juge en dernier ressort toutes les causes tant civiles que criminelles, sans distinction de personnes, quelque privilégiées qu'elles soient, et sans qu'on puisse évoquer par-devant les tribunaux de la cour aucune affaire, ni par voie d'appel, ni par voie de requête, pas même pour le motif d'une injustice notoire.

Les provinces basques jouissent pareillement d'une infinité de droits et de priviléges qui sont trop connus, pour qu'il soit nécessaire d'en faire ici une mention particulière.

D'après cet exposé simple, la commission ne forme aucun doute sur l'attention favorable de votre auguste congrès à la lecture du projet de loi que vous l'avez chargée de vous présenter, et sur la manière dont il accueillera dans sa sagesse les principaux motifs qui ont déterminé ses commissaires à adopter le plan et le système qu'ils ont embrassés.

Toutes les lois, tous les statuts et tous les priviléges rapportés dans la courte exposition que nous venons de faire, se trouvent dispersés et confondus, pour ainsi dire, au milieu d'une multitude d'autres lois purement civiles et réglémentaires dans l'immense collection des corps de droit qui forment la jurisprudence espagnole. La promulgation de ces codes, la force et l'autorité de chacun d'eux, les vicissitudes qu'ils ont éprouvées dans leur observation, présentent tant de variations, tant d'irrégularités et de contradictions, qu'il ne fallait rien moins qu'une attention soutenue et profonde pour démêler les lois fondamentales et constitutives de la monarchie, à travers cette multitude prodigieuse d'autres lois d'une nature bien différente, et souvent même contraire à l'esprit des premières. La commission n'a pas négligé ces recherches, quoique incomplétement faites d'avance par une autre commission nommée à cet effet par la junte centrale. Nous les avons eues au contraire constamment sous les yeux.

Mais ce travail, quoique fait avec beaucoup d'étendue et d'intelligence, se réduit à cet égard à la nomenclature des lois qu'on peut regarder à plus juste titre comme fondamentales, et qui sont contenues dans le *Fuero juzgo*, dans le code de *las Partidas*, dans le *Fuero viejo*, le *Fuero Real*, l'ordonnance d'Alcala, l'ordonnance royale et la nouvelle *Recopilation*. L'esprit de liberté politique et civile qui brille dans la plus grande partie de ces lois, se trouve quelquefois étouffé par les inconséquences et les contradictions même les plus extraordinaires, au point qu'on y rencontre des dispositions entièrement incompatibles avec le génie, le caractère et le tempérament d'une monarchie modérée. En voici un exemple tiré de la loi XII, tit. 1ᵉʳ., art. 1ᵉʳ. : *L'empereur ou le roi peut donner des lois aux peuples soumis à sa puissance, et personne autre n'a ce droit dans le temporel, s'il n'y est autorisé par lui. Toutes les lois autrement rendues ne peuvent avoir ni titre ni force de lois, et ne doivent rien valoir dans aucun temps* (1). Nous pourrions multiplier les citations de cette nature;

---

(1) Emperador ó rei puede facer leyes sobre las gentes de su senorio, é otro ninguno non ha poder de las facer en lo temporal, fueros ende si las ficiese

mais, outre que ce serait fatiguer sans utilité l'attention des cortès, nous avons considéré que, d'après le but principal de notre mission, la constitution de la monarchie espagnole doit présenter un système complet et bien ordonné, dont toutes les parties soient liées entre elles par l'union la plus étroite, et la plus parfaite harmonie : sa contexture, s'il est permis de parler ainsi, doit être l'ouvrage d'une seule main ; sa forme et sa disposition, celui d'un seul et même ouvrier. Comment en effet espérer de pouvoir remplir ce grand et sublime objet, par la simple disposition textuelle de lois publiées à diverses époques, distantes les unes des autres de plusieurs siècles, dans des vues différentes, sous des circonstances opposées entre elles, et sans aucune analogie avec la situation actuelle du royaume ? En déclarant que le projet qui vous est présenté ne contient aucune innovation, la commission a dit une vérité incontestable, puisqu'il n'y en a réellement aucune en substance. Dans le temps des Goths, les Espagnols étaient une nation libre et indépendante, sous un seul et même empire ; ils le furent de même, après leur rétablissement, et pendant tout le temps que la nation resta divisée en plusieurs états ou royaumes différens ; ils le furent encore pendant quelque temps après leur réunion sous une même monarchie. Mais la réunion de l'Aragon et de la Castille étouffa bientôt toutes les institutions libérales, la liberté disparut, et le joug de l'esclavage s'appesantit tellement sur l'Espagne, que nous avions enfin perdu, il est bien douloureux de le dire, jusqu'à l'idée de notre propre dignité ; si on en excepte la Biscaye et le royaume de Navarre, provinces fortunées, dont les statuts vénérables présentaient à chaque pas une protestation solennelle et terrible contre les usurpations du gouvernement, accusaient hautement le reste de l'Espagne de sa honteuse soumission, et entretenaient les craintes de la cour qui, sans cette attitude, n'aurait pas manqué de porter le dernier coup à la liberté de ces provinces, tant de fois menacée dans les dernières années du règne précédent.

C'est néanmoins à toutes ces époques que furent rendues les lois regardées comme fondamentales par les jurisconsultes, et qui forment nos codes et notre constitution actuelle. Serait-il possible d'espérer qu'en les rapprochant et les distribuant, de quelque manière que ce soit, on pût offrir à la nation l'expression claire, simple et précise des lois politiques d'une monarchie modérée ? Non, sans doute. La commission n'en a pas conçu l'espérance ; elle ne croit pas même qu'elle puisse jamais naître dans l'esprit d'un Espagnol sensé. Cependant, bien convaincue de l'importance de sa mission, de l'opinion générale de la nation, de l'intérêt commun des peuples, elle a cherché moins à se pénétrer du texte de ces lois, que de l'esprit et de l'intention du législateur ; et, laissant de côté celles qui, dans les

---

con otorgamiento de ellos. ût las que de otra manera son fechas, non han nombrenin fuerza de leyes, nin deben valer en ningun tiempo.

derniers temps, avaient étendu l'esclavage et la dégradation sur toutes les provinces, elle n'a eu égard qu'à celles qui étaient encore en vigueur dans quelques-unes, et à celles qui avaient été dans toutes, et dans des temps plus heureux, l'égide de la religion, de la liberté, de la félicité et du bien-être des Espagnols. C'est de la doctrine de ces lois protectrices qu'elle a extrait, pour ainsi dire, les principes immuables de la saine politique, et le projet de constitution, monument antique et national dans sa substance, où il n'y a rien de nouveau que la méthode et l'ordre de sa disposition.

Ce qui suit n'étant qu'une simple analyse du projet de constitution, il a paru inutile de le publier.

CONSTITUTION

POLITIQUE

DE L'ESPAGNE.

La régence du royaume m'a adressé le décret suivant :

Don Ferdinand VII, par la grâce de Dieu et par la constitution de la monarchie espagnole, roi des Espagnes, et, en son absence et pendant sa captivité, la régence du royaume, nommée par les cortès généraux et extraordinaires, savoir faisons à tous présens et à venir que les cortès ont décrété ce qui suit :

Les cortès généraux et extraordinaires ayant sanctionné la constitution politique de la monarchie espagnole, décrètent :

Qu'il soit envoyé à la régence du royaume un exemplaire de ladite constitution signé par tous les députés des cortès qui se trouvent présens, afin qu'elle en ordonne sur-le-champ l'impression, lui donne la publicité convenable, et la fasse circuler sous la formule suivante :

« Don Ferdinand VII, par la grâce de Dieu et la constitution de la monarchie espagnole, roi des Espagnes, et, en son absence et pendant sa captivité, la régence du royaume, nommée par les cortès généraux et extraordinaires, savoir faisons à tous présens et à venir, que les cortès ont décrété et sanctionné la constitution politique de la monarchie espagnole dont la teneur suit » (ici la constitution en entier depuis le titre jusqu'à la date et aux signatures inclusivement) ; et la régence terminera ainsi :

« En conséquence, mandons et ordonnons à tous les Espagnols, nos sujets de toutes les classes, qu'ils aient à observer la constitution ci-dessus, et à la regarder comme loi fondamentale de la monarchie ; ordonnons également à tous les tribunaux, officiers de justice, chefs, gouverneurs et autres autorités tant civiles que militaires et ecclésiastiques, quels que soient leur classe et leur rang, qu'ils observent et fassent observer et exécuter ladite constitution dans toutes ses parties.

» La régence du royaume est chargée de tenir la main à l'exécution du présent décret, qu'elle fera imprimer et publier dans tout le royaume.

Signé Vincent Pasqual, président. — Joseph-Marie Gutierrez de Terán, député, secrétaire. — Joachim Diaz Caneja, député, secrétaire. — Donné à Cadix, le 18 mars 1812. — A la régence du royaume. »

En conséquence, mandons et ordonnons à tous les tribunaux, officiers de justice, chefs, gouverneurs et autres autorités civiles, militaires et ecclésiastiques, quels que soient leur classe et leur rang, d'observer et de faire observer et exécuter le présent décret dans toutes ses parties, et d'en ordonner l'impression et la publication. *Signé* Joachim de Mosquera y Figuera, président. — Jean Villavicencio. — Ignace Rodriguez de Rivas. — Le comte d'Abisbal. — Cadix, le 18 mars 1812. — A don Ignace de la Pezuela.

CONSTITUTION POLITIQUE

DE LA MONARCHIE ESPAGNOLE,

PUBLIÉE A CADIX LE 19 MARS 1812.

Don Ferdinand VII, par la grâce de Dieu et la constitution de la monarchie espagnole, roi des Espagnes, et, en son absence et pendant sa captivité, la régence du royaume nommée par les cortès généraux et extraordinaires, à tous ceux qui les présentes verront et entendront, savoir faisons que les cortès ont décrété et sanctionné la constitution politique de la monarchie espagnole comme il suit :

Au nom de Dieu tout-puissant, Père, Fils, et Saint-Esprit, créateur et législateur suprême de la société humaine,

Les cortès généraux et extraordinaires de la nation espagnole, bien convaincus, après l'examen le plus attentif et la plus mûre délibération, que les anciennes lois de cette monarchie, accompagnées des modifications et des mesures convenables pour en assurer l'entière exécution d'une manière stable et permanente, peuvent bien et dûment remplir le grand objet de favoriser la gloire, la prospérité et le bien de toute la nation, décrètent la constitution suivante pour le gouvernement et l'administration de l'État.

TITRE PREMIER.

De la Nation espagnole et des Espagnols.

CHAPITRE PREMIER.

De la Nation espagnole.

Art. 1er. La nation espagnole est la réunion de tous les Espagnols des deux hémisphères.

2. La nation espagnole est libre et indépendante; elle n'est ni ne peut être le patrimoine d'aucune personne ni d'aucune famille.

3. La souveraineté réside essentiellement dans la nation, à laquelle appartient en conséquence le droit exclusif de se donner des lois fondamentales.

4. La nation demeure obligée de conserver et de protéger par des lois sages et justes la liberté civile, la propriété et les autres droits légitimes de tous les individus qui la composent.

CHAPITRE II.

Des Espagnols.

5. Sont déclarés Espagnols,
1°. Tous les hommes nés libres et domiciliés dans les domaines des Espagnes, ainsi que leurs enfans;
2°. Les étrangers qui auront obtenu des cortès des lettres de naturalisation;
3°. Ceux qui, sans avoir obtenu des lettres de naturalisation, pourront prouver légalement dix ans de domicile dans quelque ville ou village de la monarchie;
4°. Les affranchis, du moment qu'ils obtiennent leur liberté dans les domaines espagnols.

6. L'amour de la patrie est une des principales obligations de tous les Espagnols; ils doivent aussi être justes et bienfaisans.

7. Tout Espagnol est obligé en particulier d'être fidèle à la

constitution, d'obéir aux lois, et de respecter les autorités établies.

8. Tous les Espagnols, sans exception, sont également obligés de contribuer, selon leurs facultés, aux dépenses de l'état.

9. Ils sont enfin obligés de prendre les armes pour la défense de la patrie, toutes les fois qu'ils sont appelés par la loi.

TITRE II.

Du Territoire des Espagnes, de la Religion, du Gouvernement, et des Citoyens espagnols.

CHAPITRE PREMIER.

Du territoire espagnol.

10. Le territoire espagnol comprend dans la Péninsule, avec les possessions et les îles adjacentes, l'Aragon, les Asturies, la Vieille et la Nouvelle Castille, la Catalogne, Cordoue, l'Extramadure, la Galice, Grenade, Jaën, Léon, Molina, Murcie, la Navarre, les Provinces Basques, Séville et Valence, les îles Baléares et les Canaries, avec les autres possessions en Afrique; dans l'Amérique septentrionale, la Nouvelle Espagne, y compris la Nouvelle Galice et la péninsule de Yucatan, Guatimala, les provinces intérieures de l'est et de l'ouest, l'île de Cuba avec les deux Florides, la partie espagnole de l'île de Saint-Domingue, et l'île de Porto-Ricco avec les autres îles adjacentes à celles-là et au continent dans les deux mers; dans l'Amérique méridionale, la nouvelle Grenade, Venezuela, le Pérou, le Chili, les provinces de la Plata, et toutes les îles adjacentes dans la mer Pacifique et la mer Atlantique; dans l'Asie, les îles Philippines et celles qui dépendent du même gouvernement.

11. Il sera dressé une division plus convenable du territoire espagnol par une loi constitutionnelle, aussitôt que les circonstances politiques le permettront.

CHAPITRE II.

De la religion.

12. La religion de la nation espagnole est et sera à jamais la religion catholique, apostolique et romaine, la seule véritable. La nation la protége par des lois sages et justes, et prohibe l'exercice de tout autre.

CHAPITRE III.

Du gouvernement.

13. L'objet du gouvernement est la félicité de la nation, puisque le but de toute société politique n'est autre chose que le bien-être des individus qui la composent.

14. Le gouvernement de la nation espagnole est une monarchie tempérée héréditaire.

15. Le pouvoir de faire les lois réside dans les cortès avec le roi.

16. Le pouvoir de les faire exécuter réside dans le roi.

17. Le pouvoir d'appliquer les lois dans les causes civiles et criminelles réside dans les tribunaux établis par la loi.

CHAPITRE IV.

Des citoyens espagnols.

18. Sont reconnus citoyens, les Espagnols qui sont nés de père et de mère espagnols dans les domaines de la nation de l'un et de l'autre hémisphère, et qui se trouvent domiciliés dans quelque lieu de la monarchie espagnole.

19. Sont aussi citoyens les étrangers qui, jouissant déjà des droits d'Espagnols, auront obtenu des cortès des lettres spéciales de citoyen.

20. Pour qu'un étranger puisse obtenir des cortès des lettres de citoyen, il faut qu'il soit marié avec une Espagnole, et qu'il ait introduit ou établi dans les Espagnes quelque invention ou quelque genre d'industrie importante, ou qu'il y ait acquis des biens-fonds, en vertu desquels il paie une contribution directe, ou qu'il se soit établi dans le commerce, avec un capital à lui appartenant, et jugé suffisant par les cor-

tès, ou qu'il ait rendu des services signalés pour le bien et la défense de la nation.

21. Sont de même reconnus citoyens les fils légitimes des étrangers domiciliés dans les Espagnes, qui, étant nés dans les domaines espagnols n'en sont jamais sortis sans la permission du gouvernement, et qui, ayant accompli leur vingt-unième année, exercent dans une ville, bourg ou village de la monarchie, une profession, un emploi, ou une industrie utile.

22. Les Espagnols qui, du côté de leur père ou de leur mère, sont originaires d'Afrique, pourront mériter et obtenir le titre de citoyen qui sera accordé par les cortès à ceux d'entre eux qui auront rendu des services éminens à la patrie, ou qui se seront distingués par leurs talens, leur application et leur bonne conduite, pourvu qu'ils soient fils légitimes de pères libres, qu'ils soient mariés avec une femme libre, et domiciliés dans les domaines espagnols, et qu'ils y exercent une profession, un emploi ou quelque genre d'industrie utile, avec un capital à eux appartenant.

23. Le droit de voter et d'être élu aux emplois municipaux, dans les cas indiqués par la loi, ne peut appartenir qu'aux citoyens.

24. La qualité de citoyen espagnol se perd,

1°. Par le fait de naturalisation en pays étranger;

2°. Par l'acceptation d'un emploi dans un autre gouvernement;

3°. Par la condamnation à des peines afflictives ou infamantes, jusqu'à réhabilitation;

4°. Par cinq années de résidence non interrompue hors du territoire espagnol, sans commission ou permission du gouvernement.

25. L'exercice des droits de citoyen est suspendu,

1°. Par l'interdiction judiciaire pour cause d'incapacité physique ou morale;

2°. Par l'état de faillite ou de débiteur de deniers publics;

3°. Par l'état de domesticité;

4°. Par le défaut d'occupation ou d'emploi ou de moyens de vivre connus;

5°. Par une procédure criminelle;

6°. A compter de 1830, nul ne pourra exercer les droits de citoyen, s'il ne sait lire et écrire.

26. Les droits de citoyen ne pourront se perdre ou demeurer suspendus que pour les causes énoncées dans les deux articles précédens, et non pour aucun autre motif.

TITRE III.

Des Cortès.

CHAPITRE PREMIER.

Du mode de Formation des cortès.

27. Les cortès sont la réunion de tous les députés qui représentent la nation : ils sont nommés par les citoyens dans la forme dont il sera parlé plus loin.

28. La base de la représentation nationale est la même pour les deux hémisphères.

29. Cette base est la population composée des naturels du pays, nés de père et de mère espagnols, et de ceux qui ont obtenu des cortès des lettres de citoyen, ou qui sont compris dans l'article 21.

30. Les rapports de la population, pour les domaines espagnols en Europe, seront établis provisoirement sur le dernier recensement de 1797, jusqu'à ce qu'il puisse être procédé à un nouveau dénombrement; pour les domaines d'outre-mer, les rapports seront établis sur les recensemens les plus authentiques parmi les plus récents, jusqu'à ce qu'il puisse être procédé à un nouveau.

31. Chaque population de 70,000 âmes, composée comme il a été dit à l'article 29, fournira un député aux cortès.

32. Si, par la distribution de la population dans les différentes provinces, il se trouve dans quelques-unes un excédant de plus de 35,000 âmes, cet excédant fournira un député, comme si le nombre de 70,000 était complet ; mais si le surplus de la population n'excède pas 35,000 âmes, il n'en sera pas tenu compte.

33. S'il se trouve quelque province dont la population, sans être de 70,000 âmes, ne soit pas au-dessous de 60,000, elle fournira néanmoins un député ; mais, si la population est de moins de 60,000 âmes, elle concourra avec la province voisine pour compléter le nombre requis de 70,000 âmes : est exceptée de cette règle l'île de Saint-Domingue, qui nommera un député, quelle que soit sa population.

CHAPITRE II.

De la nomination des députés aux cortès.

34. Pour la nomination des députés aux cortès, il sera tenu des assemblées électorales de paroisse, d'arrondissement, et de province.

CHAPITRE III.

Des assemblées électorales de paroisse.

35. Les assemblées électorales de paroisse se composent de tous les citoyens domiciliés et résidans sur le territoire de chaque paroisse respective, y compris les ecclésiastiques séculiers.

36. Ces assemblées auront toujours lieu dans la Péninsule, et les îles et possessions adjacentes, le premier dimanche d'octobre de l'année antérieure à la réunion des cortès.

37. Dans les provinces d'outre-mer, elles auront lieu le premier dimanche de décembre, quinze mois avant la tenue des cortès, d'après néanmoins la convocation préalable des autorités locales, tant pour les assemblées paroissiales d'outre-mer, que pour celles de la Péninsule et lieux adjacens.

38. Il sera nommé un électeur de paroisse par deux cents habitans.

39. Si le nombre des habitans de la paroisse excède trois cents, quoiqu'il ne s'élève pas à quatre cents, il sera nommé deux électeurs : s'il excède cinq cents, sans monter à six cents, il en sera nommé trois, et ainsi progressivement.

40. Dans les paroisses dont la population ne s'élève pas à deux cents habitans, sans être moindre de cent cinquante, il sera nommé un électeur; et celles qui ne pourront réunir ce nombre, se joindront à une paroisse voisine pour nommer collectivement le nombre d'électeurs relatif à la population.

41. L'assemblée paroissiale nommera, à la pluralité des voix, onze compromissaires qui seront chargés d'élire l'électeur de la paroisse.

42. Si l'assemblée paroissiale a deux électeurs de paroisse à nommer, elle choisira vingt-un compromissaires; si elle a trois électeurs à nommer, elle élira trente-un compromissaires : ce nombre de trente-un ne pourra être dépassé en aucun cas, afin d'éviter la confusion.

43. Pour la commodité des petites populations, il est établi que les paroisses de vingt habitans nommeront un compromis-

saire; celles de trente à quarante en nommeront deux; celles de cinquante à soixante, trois; et ainsi progressivement. Celles qui auront moins de vingt habitans se réuniront aux paroisses voisines pour cette élection.

44. Les compromissaires des petites paroisses ainsi élus se réuniront dans le bourg ou village le plus convenable, au nombre de onze ou de neuf au moins, pour nommer un électeur de paroisse; au nombre de vingt-un ou de dix-sept au moins, pour en nommer deux; au nombre de trente-un ou de vingt-cinq au moins, pour en nommer trois ou davantage, selon la population de la paroisse.

45. Pour être nommé électeur de paroisse, il faut être citoyen, âgé de vingt-cinq ans accomplis, domicilié et résidant dans le ressort de la paroisse.

46. Les assemblées de paroisse seront présidées par le chef politique ou l'alcade de la ville, bourg ou village, où elles tiendront leurs séances, lequel sera assisté du curé, pour donner plus de solennité à cet acte civil; dans les villes où, en raison du nombre des paroisses, il y aura deux ou plusieurs assemblées paroissiales, l'une sera présidée par le chef politique ou l'alcade, l'autre par le second alcade, et les autres par les régidors désignés par le sort.

47. A l'heure de la réunion des assemblées qui se tiendront dans les hôtels de ville ou dans les lieux accoutumés, tous les votans se rendront avec leur président, à l'église de la paroisse où il sera célébré une messe solennelle *de Spiritu sancto* par le curé, qui prononcera un discours analogue à la circonstance.

48. Après la messe, on retournera au lieu d'où on était parti, et l'assemblée commencera, à porte ouverte, par la nomination de deux scrutateurs et d'un secrétaire, choisis parmi les citoyens présens.

49. Le président demandera ensuite si quelque citoyen a quelque plainte à porter pour cause de séduction ou de subornation pratiquée pour influencer les suffrages de l'assemblée; s'il en existe, le plaignant sera tenu de fournir verbalement ses preuves sur-le-champ et séance tenante. Si l'accusation est fondée, les coupables seront privés de leur voix active et passive; dans le cas contraire, le calomniateur subira la même peine; et, dans l'un et l'autre cas, la décision de l'assemblée sera sans appel.

50. S'il s'élève quelque doute sur les qualités civiles de quelqu'un des votans, la question sera décidée par l'assemblée elle-même, séance tenante, et la décision exécutée sans appel pour cette fois et seulement pour l'objet dont il s'agit.

51. Immédiatement après, il sera procédé à la nomination des compromissaires, par des bulletins où chaque citoyen désignera un nombre de personnes égal au nombre de compromissaires à nommer ; pour cela chacun des votans s'approchera du bureau où se trouvent le président, les scrutateurs, et le secrétaire, et celui-ci écrira les noms en présence du votant. Dans cette élection et dans toute autre, on ne pourra se porter soi-même sur les listes de nomination, sans perdre son droit de suffrage.

52. Les voix recueillies, le président, les scrutateurs et le secrétaire, reconnaîtront les listes, et celui-ci proclamera à haute voix les noms des citoyens qui auront été élus compromissaires à la majorité des suffrages.

53. Les compromissaires nommés se retireront dans un lieu séparé, avant que la séance ne soit levée, et, après avoir conféré entre eux, ils procéderont à la nomination de l'électeur ou des électeurs que la paroisse doit fournir : pour être nommé, il faudra réunir plus de la moitié des suffrages. Les électeurs ainsi nommés seront proclamés dans l'assemblée avant la levée de la séance.

54. Le secrétaire dressera le procès verbal de leur nomination, lequel acte sera signé de lui, du président et des compromissaires, et copie revêtue des mêmes signatures en sera délivrée à chacun des élus, pour qu'ils puissent justifier de leur nomination.

55. Aucun citoyen ne pourra, sous aucun motif ou prétexte quelconque, se dispenser de ces fonctions.

56. Aucune personne ne se présentera en armes dans l'assemblée paroissiale.

57. La séance sera levée d'abord après la nomination des électeurs ; sont déclarés nuls tous autres actes dont l'assemblée prétendrait s'occuper.

58. Les citoyens composant l'assemblée se transporteront, après la séance, à l'église paroissiale où il sera chanté un *Te Deum* solennel : les électeurs seront placés entre le président, les scrutateurs et le secrétaire.

CHAPITRE IV.

Des Assemblées électorales d'arrondissement.

59. Les assemblées électorales d'arrondissement seront composées des électeurs de paroisse réunis au chef-lieu à l'effet de nommer les électeurs qui devront se rendre dans la capitale de la province pour élire les députés aux cortès.

60. Ces assemblées se tiendront toujours dans la Péninsule et les îles et possessions adjacentes, le premier dimanche de novembre de l'année qui précède l'époque de la tenue des cortès.

61. Elles auront lieu, dans les provinces d'outre-mer, le premier dimanche de janvier, un mois après les assemblées paroissiales.

62. Pour connaître le nombre d'électeurs que chaque arrondissement devra fournir, on consultera les règles suivantes :

63. Le nombre des électeurs d'arrondissement sera, relativement au nombre des députés à élire, dans la proportion de un à trois.

64. Si le nombre des arrondissemens de la province est plus grand que celui des électeurs requis par l'article précédent pour la nomination du nombre relatif de députés, il sera néanmoins nommé un électeur pour chaque arrondissement.

65. Si le nombre des arrondissemens est moindre que celui des électeurs à nommer, chaque arrondissement en nommera un, ou deux, ou davantage, jusqu'à ce que le nombre requis se trouve au complet ; et dans le cas même où il manquerait un électeur, il sera nommé par l'arrondissement le plus populeux ; s'il en manque deux, le second sera nommé par l'arrondissement qui tient le second rang par sa population, et ainsi des autres successivement.

66. Quant à ce qui est établi par les articles 31, 32 et 33, et par les trois articles précédens, le dénombrement détermine le nombre de députés à fournir par chaque province, et le nombre d'électeurs à nommer dans chaque arrondissement.

67. Les assemblées électorales d'arrondissement seront présidées par le chef politique ou le premier alcade du chef-lieu de l'arrondissement, auquel se présenteront les électeurs de paroisse avec leurs lettres d'élection, pour que leurs noms soient enregistrés sur le livre des actes de l'assemblée.

68. Au jour marqué, les électeurs de paroisse se réuniront avec le président dans une des salles de l'hôtel de ville, les portes ouvertes, et il sera procédé de suite à la nomination d'un secrétaire et de deux scrutateurs choisis parmi les électeurs.

69. Les électeurs présenteront leurs lettres d'élection pour qu'elles soient examinées par le secrétaire et les scrutateurs qui devront déclarer le lendemain si elles sont en règle ou non. Les déclarations du secrétaire et des scrutateurs à cet égard seront vérifiées par une commission de trois membres de l'assemblée nommés à cet effet, pour en être rendu compte dans la séance du jour suivant.

70. Dans cette séance, il sera fait lecture aux électeurs de paroisse assemblés, des informations faites sur les déclarations du secrétaire et des scrutateurs, et s'il se trouve quelque objection faite sur la nature des lettres d'élection, ou sur la personne de quelque électeur, par défaut de quelque qualité requise, l'assemblée délibérera, séance tenante, et jugera, comme elle l'entendra, définitivement et sans appel.

71. Cela fait, les électeurs de paroisse se transporteront avec leur président à la principale église du lieu, où il sera célébré une messe solennelle *de Spiritu sancto* par l'ecclésiastique le plus élevé en dignité, lequel prononcera un discours analogue à la circonstance.

72. Après cet acte religieux, les électeurs retourneront au lieu de l'assemblée, où ils prendront place sans aucune préséance ; le secrétaire fera ensuite lecture de ce chapitre de la constitution, et le président adressera à l'assemblée la même interpellation dont il est question à l'article 49 dont le contenu sera observé en entier.

73. Immédiatement après, il sera procédé à la nomination des électeurs d'arrondissement, par scrutin secret, d'un à un, au moyen de billets sur lesquels sera écrit le nom de la personne choisie par chaque votant.

74. Le scrutin rempli, le président, le secrétaire et les scrutateurs procéderont au dépouillement ; et celui qui aura réuni la moitié des suffrages, plus un, sera successivement proclamé par le président. Si aucun des candidats ne réunit la pluralité absolue des voix, les deux qui en auront réuni le plus grand nombre, seront l'objet d'un nouveau scrutin, et celui qui obtiendra la majorié des suffrages sera proclamé. Si les suffrages sont partagés, le sort en décidera.

75. Pour être électeur d'arrondissement, il faut être citoyen, ayant le libre exercice de ses droits, avoir vingt-cinq ans accomplis, être domicilié et résider dans l'arrondissement ; sont éligibles les laïques et les ecclésiastiques séculiers qui réunissent les qualités ci-dessus, qu'ils fassent ou non partie de l'assemblée.

76. Le procès verbal de la séance sera dressé par le secrétaire, qui le signera avec le président et les scrutateurs, et en remettra une copie également signée aux personnes élues, pour constater leur nomination. Le président en adressera aussi une copie signée par lui et le secrétaire, au président de l'assemblée de la province, et les élections seront rendues publiques par la voie des papiers publics.

77. Tout ce qui a été réglé pour les assemblées électorales

de paroisse dans les art. 55, 56, 57 et 58, est applicable aux assemblées électorales d'arrondissement.

CHAPITRE V.

Des Assemblées électorales de province.

78. Les assemblées électorales de province se composent des électeurs de tous les arrondissemens, lesquels se réunissent dans la capitale, à l'effet de nommer le nombre proportionnel de députés qui doivent assister aux cortès comme représentans de la nation.

79. Ces assemblées auront lieu dans la Péninsule et les îles adjacentes, toujours le premier dimanche de décembre de l'année qui précède la réunion des cortès.

80. Dans les provinces d'outre-mer, elles auront lieu le second dimanche de mars de la même année dans laquelle auront eu lieu les assemblées d'arrondissement.

81. Les assemblées provinciales seront présidées par le chef politique de la capitale de la province, auquel les électeurs devront se présenter avec leurs titres d'élection, pour que leurs noms soient inscrits sur le registre des actes de l'assemblée.

82. Au jour fixé, les électeurs d'arrondissement se réuniront avec le président dans une des salles de l'hôtel de ville, ou dans tout autre édifice qu'on croira plus convenable pour un acte aussi solennel ; et là, les portes ouvertes, il sera procédé à la nomination d'un secrétaire et de deux scrutateurs choisis parmi les électeurs à la pluralité des suffrages.

83. Si une province n'a qu'un député à nommer, elle devra fournir au moins cinq électeurs pour cette nomination ; ce nombre d'électeurs sera distribué entre les arrondissemens qui composent la province, ou bien on établira le nombre des arrondissemens en raison de ce nombre.

84. Il sera fait lecture des quatre chapitres de la constitution qui traitent des élections, ensuite des procès verbaux de nomination dressés au chef-lieu de chaque arrondissement, et adressés par les présidens respectifs. Les électeurs présenteront aussi leurs lettres d'élection, pour qu'elles soient examinées par le secrétaire et les scrutateurs qui seront tenus de faire leur rapport dans la séance du jour suivant. Les déclarations du secrétaire et des scrutateurs seront soumises à la vérification d'une commission de trois membres choisis à cet effet dans le sein de l'assemblée, et chargés de faire également leur rapport dans la séance du lendemain.

85. Cette séance commencera par la lecture du rapport sur les lettres d'élection ; et s'il y a quelque difficulté sur lesdites lettres ou sur la personne des électeurs, par défaut de quelqu'une des qualités requises, l'assemblée jugera la question, séance tenante, comme elle l'entendra, et sa décision sera définitive et sans appel.

86. Les électeurs d'arrondissement se rendront ensuite, avec leur président, à la cathédrale ou à la principale église du lieu, où il sera chanté une messe solennelle *de Spiritu sancto*, et où l'évêque, ou à son défaut l'ecclésiastique le plus élevé en dignité, prononcera un discours analogue aux circonstances.

87. Après la messe, les électeurs retourneront au lieu de l'assemblée, où ils prendront place sans aucune préséance ; et là, les portes ouvertes, le président procédera d'abord comme il est dit à l'article 49, qui sera observé dans tout son contenu.

88. Il sera procédé ensuite, par les électeurs présens, à la nomination des députés à fournir par la province : il n'en sera nommé qu'un seul à la fois. Pour cela, les électeurs s'avanceront du bureau où siégent le président, les scrutateurs et le secrétaire, et celui-ci écrira sur une liste, en présence de chaque électeur, le nom de la personne pour laquelle chacun votera : le secrétaire et les scrutateurs devront voter les premiers.

89. Le scrutin rempli, le président, le secrétaire et les scrutateurs, procéderont au dépouillement : seront élus ceux qui auront réuni la moitié des suffrages plus un. Si personne n'obtient la pluralité absolue des voix, les deux qui en auront obtenu un plus grand nombre concourront à un second scrutin, et le choix sera déterminé par la pluralité des suffrages. Si les voix sont partagées, le sort en décidera. A chaque élection, le nom du député nommé sera proclamé par le président.

90. Après la nomination des députés, il sera procédé à celle des suppléans, de la même manière et avec les mêmes formalités que ci-dessus : le nombre des suppléans dans chaque province sera égal au tiers de celui des députés. Les provinces qui n'auraient qu'un ou deux députés à nommer, nommeront néanmoins un suppléant. Les suppléans seront appelés aux cortès, toutes les fois qu'il manquera un député, soit pour cause de mort, soit pour cause d'impossibilité reconnue par les cortès, à quelque époque que ce soit après l'élection.

91. Pour pouvoir être nommé député aux cortès, il faut avoir vingt-cinq ans accomplis, être né dans la province, ou y résider depuis sept ans au moins, jouir du titre et de l'exercice des droits de citoyen : sont éligibles les laïques et les ecclésias-

tiques qui réunissent ces qualités, qu'ils fassent ou non partie de l'assemblée.

92. Il faut de plus, pour être élu député aux cortès, jouir d'un revenu annuel et suffisant, provenant de biens propres.

93. La disposition de l'article précédent demeure néanmoins suspendue, jusqu'à ce que les cortès, dans leurs futures réunions, aient déclaré que le temps est venu de lui faire ressortir son plein et entier effet : elles statueront alors sur la quotité du revenu et la nature des biens d'où il doit provenir ; et ce qui sera statué à cette époque sera tenu pour constitutionnel, comme s'il était formellement inséré ici.

94. S'il arrive que la même personne soit élue par la province où elle est née, et par la province où elle fait sa résidence, son élection ne comptera que pour cette dernière province, et l'autre enverra un suppléant aux cortès.

95. Les ministres, les conseillers d'état, et les employés de la maison du roi, ne pourront être élus députés.

96. Ne pourront non plus être élus les étrangers, quand même ils auraient obtenu des cortès des lettres de citoyen.

97. Aucun employé public nommé par le gouvernement ne pourra être élu par la province dans laquelle il exerce son emploi.

98. Le secrétaire de l'assemblée rédigera les actes d'élection, qui seront signés par lui, le président et tous les électeurs.

99. Les électeurs passeront ensuite, sans qu'ils puissent s'en dispenser sous aucun prétexte, en faveur de tous et chacun des députés, des pleins-pouvoirs rédigés selon la formule suivante ; et il en sera remis une expédition à chaque député en particulier, pour lui servir de lettre de créance auprès des cortès.

100. Les pouvoirs seront conçus en ces termes :

« Dans la ville de.... le.... du mois de.... de l'an...., et dans
» une salle de...., Messieurs le président et les électeurs com-
» posant l'assemblée électorale de la province de.... (on dési-
» gnera individuellement les noms du président et des élec-
» teurs d'arrondissement, qui composent l'assemblée électo-
» rale de la province), ont déclaré par-devant moi, notaire
» soussigné, et en présence des témoins appelés à cet effet,
» qu'ayant été procédé, conformément à la constitution poli-
» tique de la monarchie espagnole, à la nomination des élec-
» teurs de paroisse et d'arrondissement avec toutes les solen-
» nités prescrites par ladite constitution, comme il conste des
» pièces originales, et que lesdits électeurs d'arrondissement de
» la province de.... s'étant réunis le.... du mois de.... de la
» présente année, ils avaient fait la nomination du nombre

» déterminé de députés qui doit représenter la province aux
» cortès ; que les députés nommés à cet effet sont mes-
» sieurs N. N. N. comme il résulte de la délibération signée
» par N. N. ; et qu'en conséquence ils leur accordent collecti-
» vement et individuellement les pleins-pouvoirs nécessaires,
» pour qu'ils puissent remplir les fonctions augustes auxquelles
» ils sont appelés, et concourir, avec les députés des autres
» provinces, en qualité de représentans de la nation espagnole,
» à régler et statuer tout ce qu'ils jugeront conforme au bien
» général, en usant des facultés à eux accordées par la con-
» stitutoin, sans les excéder, et sans pouvoir, sous au-
» cun prétexte, déroger à aucun article de ladite constitu-
» tion, ni l'altérer ou modifier; et lesdits électeurs s'obligent
» pour eux, et au nom de tous les habitans de la province, en
» vertu des pouvoirs dont ils sont revêtus, en qualité d'élec-
» teurs expressément nommés, à tenir pour bon et valide, et à
» sanctionner par l'obéissance tout ce qui aura été fait et statué
» par leurs députés aux cortès, conformément à la constitu-
» tion politique de la monarchie espagnole. Ainsi fait et passé
» en présence de *n. n.*, témoins, qui ont signé avec messieurs
» les électeurs. En foi de quoi j'ai signé à la minute. »

101. Le président, les scrutateurs et le secrétaire adresse-seront de suite, à la députation permanente des cortès, une copie par eux signée de la délibération qui constate les nominations; ils demeurent chargés également de faire imprimer le tableau des élections, et d'en transmettre un exemplaire à chaque ville, bourg ou village de la province.

102. Pour indemniser les députés de leurs frais, il leur sera payé par leurs provinces respectives des honoraires dont la quotité sera réglée par les cortès, la seconde année de chaque députation générale, pour la députation qui doit lui succéder; il sera accordé en outre aux députés d'outre-mer la somme qui sera jugée nécessaire, d'après l'avis de chaque province, pour les dépenses de route, tant pour l'aller que pour le retour.

103. Les dispositions des articles 55, 56, 57 et 58 sont applicables aux assemblées électorales de province, non compris ce qui est prescrit de plus par l'art. 328.

CHAPITRE VI.

De la convocation des cortès.

104. Les cortès s'assembleront chaque année dans la capitale du royaume, et dans un édifice réservé pour cet objet.

105. Si ils trouvent convenable de transporter leurs séances dans un autre lieu, ils pourront le faire, pourvu que ce ne soit pas à plus de douze lieues de la capitale, et que ce transfèrement soit consenti par les deux tiers des députés présens.

106. Les sessions des cortès dureront chaque année trois mois consécutifs qui commenceront le premier mars.

107. Elles pourront être prolongées un mois de plus, à la rigueur, mais dans deux cas seulement; savoir, à la demande du roi, et lorsque les deux tiers des députés aux cortès l'auront reconnu nécessaire.

108. Les députés seront renouvelés en totalité tous les deux ans.

109. Si la guerre ou l'invasion d'une partie du territoire de la monarchie, empêche les députés ou quelques-uns des députés d'une ou de plusieurs provinces de se présenter à temps, ils seront suppléés par les membres sortant de la députation des provinces respectives, lesquels tireront au sort pour compléter le nombre de députés qui manqueront.

110. Les députés ne pourront être réélus qu'après deux années d'intervalle.

111. A leur arrivée dans la capitale, les députés se présenteront à la députation permanente des cortès, qui fera enregistrer à sa secrétairerie leur nom et celui de la province qui les a élus.

112. Chaque année du renouvellement des cortès, il sera tenu le 15 février la première assemblée publique préparatoire qui sera présidée par le président de la députation permanente: les secrétaires et les scrutateurs seront nommés par ladite députation, parmi les membres restant qui la composent.

113. Dans cette première séance tous les députés présenteront leurs pouvoirs, et il sera nommé à la pluralité des voix, deux commissions, une de cinq membres pour vérifier les pouvoirs de chaque député; et l'autre de trois membres pour vérifier les pouvoirs des membres de la première commission.

114. Le 20 du même mois de février, il sera tenu une seconde assemblée publique préparatoire, dans laquelle les deux commissions feront leur rapport sur la légitimité des pouvoirs, d'après les copies de délibérations des assemblées électorales de province qui leur auront été mises sous les yeux.

115. Dans cette séance, et dans celles qui pourraient être nécessitées jusqu'au 25, seront résolues définitivement et à la pluralité des voix, les objections qui auraient pû s'élever sur la légitimité des pouvoirs et les qualités des députés.

116. Le 20 février de l'année qui suit celle du renouvellement des députés, on tiendra la première assemblée prépa-

ratoire; et du 20 au 25 les autres séances qui pourront être nécessaires pour statuer de la manière, et dans la forme indiquée par les trois articles précédens, sur la légitimité des pouvoirs des députés rentrans.

117. Le 25 février de chaque année, aura lieu la dernière assemblée préparatoire dans laquelle tous les députés prêteront le serment suivant, la main sur les saints évangiles : *D.* Jurez-vous de défendre et de conserver la religion catholique, apostolique et romaine, sans en admettre aucune autre dans le royaume? — *R.* Oui, je le jure. — *D.* Jurez-vous de maintenir et de faire observer religieusement la constitution politique de la monarchie espagnole, sanctionnée par les cortès généraux et extraordinaires de la nation en 1812? — *R.* Oui, je le jure. — *D.* Jurez-vous de vous conduire bien et fidèlement dans vos fonctions, et de n'avoir en vue que le bonheur et la prospérité de la nation qui vous les a confiées? — *R.* Oui, je le jure. — Si vous le faites, que Dieu vous récompense; sinon, qu'il vous soit imputé.

118. Il sera procédé ensuite, par la voie du scrutin secret, et à la pluralité des suffrages, à la nomination d'un président, d'un vice-président et de quatre secrétaires, tous choisis parmi les membres de la députation; moyennant quoi, les cortès se tiendront pour formés et constitués, et la députation permanente cessera entièrement ses fonctions.

119. Il sera nommé le même jour une députation de vingt-deux membres, auxquels on adjoindra deux des secrétaires, laquelle sera chargée d'aller faire part au roi de la formation des cortès, et du nom du président, pour que sa majesté fasse connaître s'il lui plaît d'assister à l'ouverture des cortès, qui doit avoir lieu le premier mars.

120. Si le roi se trouve hors de la capitale, cette communication lui sera faite par écrit, et le roi y répondra de la même manière.

121. Le roi assistera en personne à l'ouverture des cortès, et, en cas d'empêchement de sa part, le président ouvrira la séance au jour marqué, sans qu'aucun motif puisse y apporter le moindre délai. Les mêmes formalités seront observées à la clôture des cortès.

122. Le roi entrera dans l'assemblée des cortès, sans escorte, accompagné seulement des personnes désignées par le cérémonial de l'entrée et de la sortie du roi, dans le règlement d'administration intérieure des cortès.

123. Le roi prononcera un discours dans lequel il proposera aux cortès ce qu'il croira convenable, et le président lui ré-

pondra en termes généraux. Si le roi n'assiste pas à l'ouverture des cortès, il adressera son discours au président qui en fera la lecture aux cortès.

124. Les cortès ne pourront pas délibérer en présence du roi.

125. Lorsque les ministres auront quelques propositions à faire aux cortès au nom du roi, ils assisteront aux débats quand et de la manière qu'il sera déterminé par les cortès; ils pourront y obtenir la parole; mais ils ne pourront être présens aux délibérations.

126. Les séances des cortès seront publiques, et ne pourront être tenues à huis clos que dans les cas qui peuvent exiger le secret.

127. Dans les discussions qui auront lieu dans les cortès, pour tout ce qui concerne leur administration et leur ordre intérieur, on se conformera au règlement établi à ce sujet par les cortès généraux et extraordinaires, sauf les modifications qui pourraient être jugées nécessaires dans la suite.

128. Les députés seront inviolables, et, dans aucun cas ni dans aucun temps, ils ne pourront être recherchés par aucune autorité pour cause d'opinion; ils ne pourront être poursuivis criminellement que par-devant le tribunal des cortès, de la manière et sous les formes prescrites par le règlement d'administration intérieure; ils ne pourront non plus être actionnés civilement, ni exécutés pour dettes, pendant toute la durée de leur session aux cortès, et un mois après.

129. A dater du moment où leur nomination a été constatée à la députation permanente des cortès, jusqu'à leur sortie, les députés ne pourront accepter pour eux, ni solliciter pour autrui aucun emploi à la nomination du roi, ni aucun avancement, à moins que ce ne soit un avancement d'ordre naturel dans leur carrière respective.

130. Ils ne pourront non plus, pendant le temps de leur députation, et un an après le dernier acte de leurs fonctions, obtenir pour eux ni solliciter pour autrui aucune pension ou décoration quelconque qui soit à la disposition du roi.

CHAPITRE VII.

Des attributions des cortès.

131. Les attributions des cortès sont:

1°. De proposer et de décréter les lois, de les interpréter et d'y déroger au besoin.

2°. De recevoir le serment du roi, du prince des Asturies, et de la régence, comme il est déclaré en son lieu.

3°. De résoudre tous les doutes de fait ou de droit qui pourraient s'élever relativement à la succession à la couronne.

4°. D'élire une régence ou un régent du royaume dans les cas prévus par la constitution, et de fixer les limites en-deçà desquelles le régent ou la régence doivent exercer l'autorité royale.

5°. De faire reconnaître publiquement le prince des Asturies.

6°. De nommer un tuteur pendant la minorité du roi, dans le cas prévu par la constitution.

7°. D'approuver, avant la ratification, les traités d'alliance offensive, les traités de subsides, et les traités particuliers de commerce.

8°. De permettre ou de refuser l'entrée du royaume aux troupes étrangères.

9°. De décréter la création et la suppression de places dans les tribunaux établis par la constitution, de même que la création et la suppression des emplois publics.

10°. De fixer chaque année, sur la proposition du roi, les forces de terre et de mer, celles qui doivent être tenues sur pied en temps de paix, et leur augmentation en temps de guerre.

11°. De faire des ordonnances pour l'armée de terre et de mer, et pour la milice nationale, dans toutes les branches qui les composent.

12°. D'arrêter les dépenses de l'administration publique.

13°. D'établir, chaque année, les contributions et les impôts.

14°. D'emprunter, en cas de besoin, sur le crédit de la nation.

15°. D'approuver la répartition des contributions entre les provinces.

16°. De vérifier et d'approuver la comptabilité de l'emploi des fonds publics.

17°. D'établir les douanes et les règlemens pour la perception des droits.

18°. De régler tout ce qui est nécessaire pour l'administration, la conservation ou l'aliénation des biens nationaux.

19°. De déterminer la valeur, le poids, le titre, le type et la dénomination des monnaies.

20°. D'adopter le système des poids et mesures qu'elle jugera le plus exact et le plus commode.

21°. D'exciter et favoriser toute espèce d'industrie, et de faire disparaître les obstacles qui l'enchaînent.

22°. D'arrêter un plan général d'instruction publique pour

toute la monarchie, et d'approuver celui qui sera formé pour l'éducation du prince des Asturies.

23°. D'approuver les règlemens généraux pour la police et la salubrité du royaume.

24°. De protéger la liberté politique de la presse.

25°. De rendre effective la responsabilité des ministres et des autres employés publics.

26°. Enfin les cortès ont le droit de donner ou de refuser leur consentement dans tous les cas et à tous les actes, pour lesquels il est déclaré nécessaire par la constitution.

CHAPITRE VIII.

De la formation des lois, et de la sanction royale.

132. Chaque député a le droit de proposer par écrit aux cortès tel projet de loi qui lui paraîtra convenable, en exposant les motifs sur lesquels il en fonde la nécessité.

133. Le projet de loi présenté sera lu dans la séance et relu au plus tôt deux jours après. Après cette seconde lecture, les cortès mettront en délibération s'il doit être admis ou non à la discussion.

134. Dans le premier cas, il sera soumis préalablement à l'examen d'une commission, si l'importance de la chose paraît devoir l'exiger.

135. Quatre jours au moins après que le projet aura été admis à la discussion, il en sera fait une troisième lecture, et on pourra fixer un jour pour l'ouverture des débats.

136. Ce jour arrivé, le projet sera discuté dans son ensemble, et dans chacun de ses articles.

137. Les cortès décideront si la matière est suffisamment discutée; après quoi ils délibéreront s'il y a lieu ou non à passer aux voix.

138. S'il y a lieu à passer aux voix d'après la délibération des cortès, il y sera procédé immédiatement; le projet pourra être admis ou rejeté en tout ou en partie, et subir des variations et des modifications, selon les observations faites pendant la discussion.

139. La votation se fera à la pluralité absolue des suffrages; et pour y procéder, il sera nécessaire que la moitié plus un au moins de tous les membres qui composent les cortès, se trouvent présens à la séance.

140. Si les cortès, à quelque époque que ce soit de la discussion, rejettent un projet de loi ou décident qu'il n'y a pas

lieu à passer à la votation, le projet ne pourra pas être reproduit dans la même année.

141. Lorsqu'un projet aura été adopté, il sera rédigé en forme de loi par duplicata ; et après avoir été lu en présence des cortès, et signé sur l'un et l'autre original par le président et deux secrétaires, il sera présenté immédiatement au roi par une députation.

142. La sanction des lois appartient au roi.

143. Le roi sanctionne les lois par cette formule signée de sa main : *Soit promulgué comme loi.*

144. Le roi refuse sa sanction par cette formule également signée de sa main : *Soit renvoyé aux cortès*, et accompagne son refus d'une exposition des motifs qui l'ont déterminé.

145. Le roi aura un délai de trente jours pour user de cette prérogative ; passé lequel temps, s'il ne s'est pas prononcé, son silence sera regardé comme une sanction réelle.

146. Soit que le roi ait donné ou refusé sa sanction, l'un des deux originaux revêtu de la formule respective, sera remis aux cortès auxquels il en sera rendu compte, et l'autre restera au pouvoir du roi.

147 Si le roi refuse sa sanction, la même loi ne pourra plus être agitée dans les cortès pendant la même année ; mais la question pourra être reproduite l'année suivante.

148. Si le même projet est de nouveau proposé l'année suivante, et qu'il soit admis et approuvé par les cortès, il sera de nouveau présenté au roi qui aura le droit de donner ou de refuser sa sanction dans les termes des articles 143 et 144 ; et dans le dernier cas, il n'en sera plus question dans le courant de la même année.

149. Si le même projet vient à être proposé, admis et approuvé pour la troisième fois par les cortès de l'année suivante, la sanction du roi sera par le fait regardée comme obtenue, et le roi, à la présentation, la donnera effectivement au moyen de la formule exprimée à l'article 143.

150. Si la clôture de la session des cortès arrive avant l'expiration du terme de trente jours pendant lequel le roi doit donner ou refuser sa sanction, le roi devra se prononcer dans les huit premiers jours de la session de l'année suivante ; passé lequel terme, la loi soumise à la sanction royale sera tenue pour sanctionnée, et le roi la sanctionnera effectivement dans la forme prescrite ; mais si le roi refuse sa sanction, les cortès pourront s'occuper du même projet dans la même année.

151. Les dispositions des trois articles précédens, relatives à la sanction royale, sont applicables à tout projet de loi dont

la proposition aura été renouvelée pendant la durée de la députation qui l'a adopté pour la première fois, ou des deux députations qui suivront celle-là immédiatement, quand même il se serait écoulé, depuis le refus de sanction par le roi, une ou plusieurs années sans que ledit projet eût été proposé de nouveau ; mais s'il n'est pas proposé de nouveau pendant la durée des trois députations susdites, il ne pourra plus être reproduit que comme un projet nouveau, quand même il serait reproduit dans les mêmes termes.

152. Si le projet proposé pour la seconde ou la troisième fois, dans le terme fixé par l'article précédent, est rejeté par les cortès, il ne pourra plus être regardé que comme un projet nouveau, à quelque époque qu'il soit reproduit.

153. Les mêmes formalités et les mêmes dispositions seront observées toutes les fois qu'il s'agira de quelque dérogation aux lois actuelles.

CHAPITRE IX.

De la promulgation des lois.

154. Après la publication d'une loi dans les cortès, il en sera donné avis au roi, pour qu'elle soit sans retard solennellement promulguée.

155. Le roi promulguera les lois au moyen de la formule suivante : « N. (*le nom du Roi*) par la grâce de Dieu et la
» constitution de la monarchie espagnole, roi des Espagnes,
» à tous ceux qui les présentes verront et entendront ; savoir
» faisons que les cortès ont décrété, et que nous sanctionnons
» ce qui suit : (*Ici sera transcrit le texte littéral de la loi*). En
» conséquence mandons à tous les tribunaux, à tous juges,
» gouverneurs et autres autorités civiles, militaires et ecclé-
» siastiques, de tous les rangs et de toutes les classes, d'ob-
» server et de faire observer, d'accomplir et d'exécuter la
» présente loi dans tout son contenu, de tenir la main à son
» exécution, et de la faire imprimer, publier et afficher. (*La
» loi ainsi sanctionnée est ensuite adressée au ministre qu'elle
» concerne.*) »

156. Toutes les lois seront transmises directement, d'après l'ordre du roi, par les ministres respectifs, à chaque tribunal supérieur, à chaque tribunal de province, à chaque chef et à chaque autorité supérieure, qui en donneront connaissance aux autorités subalternes.

CHAPITRE X.

De la députation permanente des cortès.

157. Les cortès, avant de se séparer, éliront une députation qui sera nommée députation permanente des cortès, et composée de sept membres pris dans leur sein, savoir : trois parmi les députés des provinces d'Europe, trois parmi les députés des provinces d'outre-mer, et le septième sera choisi au sort, entre un député d'Europe, et un député d'outre-mer.

158. Les cortès nommeront en même temps deux suppléans, un parmi les députés d'Europe, et l'autre parmi les députés d'outre-mer.

159. La gestion de la députation permanente des cortès, durera d'une session ordinaire à la suivante.

160. Les pouvoirs de cette députation sont :

1°. De veiller à l'observation de la constitution et des lois, pour rendre compte à la session prochaine des infractions qu'elle aura remarquées ;

2°. De convoquer les cortès extraordinaires dans les cas prévus par la constitution ;

3°. De remplir les fonctions énoncées dans les articles 111 et 112 ;

4°. D'appeler les députés suppléans en remplacement des titulaires, et, dans le cas où les uns et les autres viendraient à mourir ou se trouveraient retenus par des obstacles insurmontables, de transmettre à leur province respective les ordres nécessaires pour qu'il soit procédé à une nouvelle nomination.

CHAPITRE XI.

Des cortès extraordinaires.

161. Les cortès extraordinaires seront composés des mêmes députés qui composent les cortès ordinaires pendant les deux années de leur exercice.

162. La députation permanente des cortès convoquera les cortès extraordinaires, et fixera le jour de l'ouverture de la session, dans les trois cas suivans :

1°. Lorsque la couronne viendra à vaquer.

2°. Lorsque le roi se trouvera, de quelque manière que ce soit, dans l'impossibilité de gouverner l'état, ou lorsqu'il voudra abdiquer en faveur de son successeur : dans le premier cas, les cortès sont autorisés à prendre toutes les mesures qu'ils trouveront convenables pour s'assurer de l'inhabileté du roi ;

3°. Lorsque, dans des circonstances critiques et difficiles, le roi le jugera nécessaire, et en aura fait part à la députation permanente des cortès.

163. Les cortès extraordinaires ne s'occuperont que de l'objet pour lequel ils auront été convoqués.

164. Les sessions des cortès extraordinaires commenceront et finiront avec les mêmes formalités que les cortès ordinaires.

165. La convocation des cortès extraordinaires ne suspendra pas l'élection des nouveaux députés, à l'époque prescrite.

166. Si les cortès extraordinaires n'ont pas terminé leur session au jour fixé pour la réunion des cortès ordinaires, ils cesseront leurs fonctions, et les cortès ordinaires termineront l'affaire pour laquelle les cortès extraordinaires avaient été convoqués.

167. Dans le cas prévu par l'article précédent, la Députation permanente des cortès continuera de remplir les fonctions qui lui sont attribuées par les articles 111 et 112.

TITRE IV.

Du Roi.

CHAPITRE PREMIER.

De l'inviolabilité et de la puissance du Roi.

168. La personne du roi est sacrée et inviolable; elle ne peut être sujette à responsabilité.

169. Le roi sera traité de Majesté Catholique.

170. Le pouvoir de faire exécuter les lois réside exclusivement dans le roi, dont l'autorité s'étend à tout ce qui concerne la conservation de l'ordre public dans l'intérieur et la sûreté de l'état au dehors, conformément à la constitution et aux lois.

171. Outre la prérogative de sanctionner et de promulguer les lois, le roi jouit encore des pouvoirs suivans :

1°. Il rend les décrets, arrête les règlemens et les instructions qu'il croit nécessaires pour l'exécution des lois.

2°. Il veille à la prompte et parfaite administration de la justice dans tout le royaume.

3°. Il déclare la guerre, fait et ratifie la paix, et en rend ensuite un compte motivé et justificatif aux cortès.

4°. Il nomme les magistrats de tous les tribunaux civils et criminels, sur la proposition du conseil d'état.

5°. Il nomme à tous les emplois civils et militaires.

6°. Il présente, sur la proposition du conseil d'état, à tous les évêchés, à toutes les dignités et à tous les bénéfices ecclésiastiques de patronage royal.

7°. Il accorde des honneurs et des distinctions de toute espèce, en se conformant aux lois.

8°. Il commande les armées de terre et de mer, et en nomme les généraux.

9°. Il dispose de la force armée, et la distribue de la manière la plus convenable.

10°. Il dirige les relations diplomatiques et commerciales avec les autres puissances; il nomme les ambassadeurs, les ministres et les consuls.

11°. Il est chargé de la fabrication des monnaies, qui porteront son nom et son effigie.

12°. Il arrête l'emploi des fonds destinés à chaque branche de l'administration publique.

13°. Il peut faire grâce aux coupables, pourvu que cette indulgence ne soit pas contraire aux lois.

14°. Il propose aux cortès les projets de loi ou de réforme qu'il croit utiles au bien de la nation, pour qu'il en soit délibéré suivant la forme prescrite par la constitution.

15°. Il s'oppose ou il acquiesce, sauf le consentement des cortès, aux décrets des conciles et aux bulles pontificales qui ne contiennent que des dispositions générales : pour les décrets et les bulles qui contiennent des dispositions particulières ou relatives au gouvernement, il prend l'avis du conseil d'état; pour les décrets et les bulles qui contiennent des points contentieux, il en réfère à la connaissance et à la décision du tribunal suprême de justice, pour qu'il soit statué conformément aux lois.

16°. Il nomme et révoque à son gré les secrétaires d'état et des dépêches.

172. Les bornes de l'autorité royale sont comme il suit :

1°. Le roi ne peut empêcher, sous aucun prétexte, la convocation des cortès aux époques et dans les circonstances prévues par la constitution; il ne peut non plus les suspendre ni les dissoudre, ni entraver en aucune manière les séances et les délibérations. Les personnes qui lui auront conseillé de le faire, ou qui l'auront secondé dans quelque tentative de cette nature, sont déclarées traîtres, et seront poursuivies comme telles.

2°. Le roi ne peut s'absenter du royaume sans le consentement des cortès ; s'il le fait, son absence sera regardée comme une abdication de la couronne.

3°. Il ne peut aliéner, céder, ni transporter à aucune autre personne l'autorité royale, ni aucune de ses prérogatives. Si, pour quelque cause que ce soit, il voulait abdiquer le trône en faveur de son successeur immédiat, il ne pourra le faire qu'avec le consentement des cortès.

4°. Il ne peut aliéner, céder, ni échanger aucune province, aucune ville, aucun bourg ou village, ni aucune partie, quelque petite qu'elle soit, du territoire espagnol.

5°. Il ne peut faire aucun traité d'alliance offensive ni aucun traité particulier de commerce avec une puissance étrangère, sans le consentement des cortès.

6°. Il ne peut non plus s'obliger par aucun traité à fournir des subsides à une puissance étrangère, sans le consentement des cortès.

7°. Il ne peut céder ni aliéner les biens nationaux, sans le consentement des cortès.

8°. Il ne peut par lui-même imposer directement ni indirectement des contributions, ni exiger des tributs, sous quelque nom et pour quelque objet que ce soit, sans un décret préalable des cortès.

9°. Il ne peut accorder de privilége exclusif à aucune personne ni à aucune corporation.

10°. Il ne peut s'emparer de la propriété d'aucun particulier ni d'aucune corporation, ni les troubler dans leur possession et leur jouissance ; et s'il devenait nécessaire dans quelques cas, pour cause d'utilité commune bien notoire, de prendre la propriété d'un particulier, le roi ne pourra le faire, sans avoir en même temps indemnisé le propriétaire, au jugement de personnes de bien.

11°. Le roi ne peut priver personne de sa liberté, ni infliger aucune peine de sa propre autorité. S'il le faisait, le ministre qui aurait signé l'ordre, et le juge qui l'aurait exécuté, en seraient responsables auprès de la nation, et punis comme coupables d'attentat à la liberté individuelle. Dans le cas seulement où l'intérêt et la sûreté de l'état l'exigeraient, le roi pourra expédier l'ordre d'arrêter une personne, à condition néanmoins que, dans le terme de vingt-quatre heures, le prisonnier sera mis à la disposition du tribunal ou du juge compétent.

12°. Le roi, avant de se marier, communiquera son intention aux cortès, pour obtenir leur consentement, sans quoi il sera censé avoir abdiqué la couronne.

173. Le roi, à son avènement au trône, ou à l'époque de sa majorité, s'il est mineur au moment de la vacance, prêtera serment en présence des cortès, dans la formule suivante :
« N. (*le nom du roi*) par la grâce de Dieu et la constitution de

» la monarchie espagnole, roi des Espagnes, je jure au nom de
» Dieu et des saints Évangiles de défendre et de conserver la
» religion catholique, apostolique et romaine, et de ne per-
» mettre l'exercice d'aucune autre dans le royaume ; d'obser-
» ver et de faire observer la constitution politique et les lois
» de la monarchie espagnole, sans avoir d'autre vue que le
» bien et le bonheur de l'état ; de ne jamais aliéner, ni céder,
» ni démembrer aucune partie du royaume ; de ne jamais
» rien exiger en nature, en deniers ou de toute autre manière,
» excepté les impôts décrétés par les cortès ; de ne jamais pren-
» dre la propriété de personne, et de respecter surtout la li-
» berté politique de la nation et la liberté personnelle de cha-
» que individu : et si je fais quelque chose de contraire en
» tout ou en partie à mon serment, on doit me refuser obéis-
» sance, et tout ce que j'aurai fait en contravention, doit être
» réputé nul et de nulle valeur. Ainsi Dieu me soit en aide et
» prenne ma défense ; sinon qu'il me punisse. »

CHAPITRE II.

De la succession à la couronne.

174. Le royaume des Espagnes est indivisible. A dater de la promulgation de la constitution, la succession au trône est réglée à perpétuité dans l'ordre régulier de primogéniture et de représentation entre les descendans légitimes, hommes ou femmes, de la manière qui sera déterminée.

175. Les enfans provenus d'un mariage authentique et légitime, pourront seuls parvenir au trône des Espagnes.

176. Au même degré et dans la même ligne, les hommes seront préférés aux femmes, et toujours l'aîné au plus jeune ; mais les femmes d'une branche plus prochaine ou d'un degré plus rapproché dans la même branche, seront préférées aux hommes d'une branche plus éloignée ou d'un degré inférieur.

177. Le fils ou la fille du fils aîné du roi, si leur père vient à mourir sans être entré en possession du trône, sera préféré à ses oncles, et succédera immédiatement à son aïeul par droit de représentation.

178. Tant que la branche dans laquelle la succession est établie n'est pas éteinte, la branche immédiate n'y a point de droit.

179. Le roi des Espagnes est don Ferdinand VII de Bourbon, actuellement régnant.

180. A défaut de don Ferdinand VII de Bourbon, ses des-

cendans légitimes, hommes ou femmes, succéderont à la couronne; à défaut de ceux-ci, ses frères et sœurs ou ses oncles et ses tantes, frères et sœurs de son père, et leurs descendans légitimes, selon l'ordre énoncé, et toujours suivant le droit de préférence de la branche immédiate sur les autres branches.

181. Les cortès devront exclure de la succession la personne ou les personnes qui seront reconnues incapables de gouverner, ou qui auront mérité, par quelque action, de perdre la couronne.

182. Si toutes les branches ci-dessus énoncées venaient à s'éteindre, les cortès procéderont à une nouvelle nomination, de la manière qui leur paraîtra la plus conforme aux intérêts de la nation, en suivant toujours l'ordre et les règles de succession établies dans ce chapitre.

183. Si la couronne échoit ou doit échoir à une femme, celle-ci ne pourra se marier sans le consentement des cortès; et si elle le fait, elle sera regardée comme ayant abdiqué.

184. Lorsqu'une femme sera parvenue au trône, son époux n'aura aucune autorité dans le royaume, ni aucune part dans le gouvernement.

CHAPITRE III.

De la minorité du roi, et de la régence.

185. Le roi est en âge de minorité jusqu'à l'âge de dix-huit ans accomplis.

186. Pendant la minorité du roi, le royaume sera gouverné par une régence.

187. Il en sera de même, toutes les fois que le roi se trouvera dans l'impossibilité d'exercer son autorité, par quelque cause physique ou morale.

188. Si le roi est empêché plus de deux ans, et que son successeur immédiat soit âgé de dix-huit ans accomplis, les cortès pourront le nommer régent du royaume en remplacement de la régence.

189. Dans le cas où le trône viendrait à vaquer pendant la minorité du prince des Asturies, et jusqu'à la réunion des cortès extraordinaires, si les cortès ordinaires ont terminé leur session, la régence provisoire sera composée de la reine mère, si elle existe, de deux membres de la députation permanente des cortès, les plus anciens par ordre de leur nomination, et de deux conseillers d'état en exercice les plus anciens, savoir le doyen, et celui qui vient après lui : à défaut de la reine mère,

il sera adjoint à la régence un conseiller d'état de plus, lequel sera le plus ancien après les deux autres.

190. La régence provisoire sera présidée par la reine mère, si elle vit encore, et à son défaut par le membre nommé le premier de la députation permanente des cortès.

191. La régence provisoire ne pourra s'occuper que des affaires qui ne pourront souffrir de retard ; elle ne pourra nommer ni destituer des employés que par mesure provisoire.

192. Les cortès extraordinaires étant réunis, procéderont à la nomination d'une régence composée de trois ou de cinq personnes.

193. Pour pouvoir être membre de la régence, il faut être citoyen, et jouir du libre exercice de ses droits : les étrangers en sont exclus, quand même ils auraient des lettres de citoyen.

194. La régence sera présidée par la personne désignée par les cortès à qui appartient le droit de déterminer, en cas de besoin, si la présidence doit être occupée à tour de rôle, et d'en fixer alors la durée.

195. La régence exercera l'autorité royale dans les termes qu'il plaira aux cortès d'établir.

196. La régence provisoire et la régence permanente prêteront serment, selon la formule prescrite par l'article 173, en y ajoutant la clause de fidélité au roi ; et la régence permanente jurera de plus d'observer les conditions qui lui auront été imposées par les cortès pour l'exercice de son autorité, et de remettre le gouvernement du royaume au roi, dès qu'il sera parvenu à l'âge de majorité, ou dès que la cause d'empêchement aura cessé, sous peine, en cas de retard, que tous les membres de la régence seront regardés comme traîtres et punis comme tels.

197. Tous les actes de la régence seront publiés au nom du roi.

198. Le tuteur du roi mineur sera la personne désignée à cet effet dans le testament de son père ; à défaut de quoi, la tutelle appartiendra à la reine mère, tant qu'elle demeurera veuve. Hors ces deux cas, le tuteur sera nommé par les cortès. Dans le premier et le troisième cas, le tuteur devra être choisi parmi les naturels du royaume.

199. La régence aura soin que l'éducation du roi mineur se fasse de la manière la plus convenable au grand objet de sa haute dignité, et conformément au plan approuvé par les cortès.

200. Les cortès régleront le traitement dont devront jouir les membres de la régence.

CHAPITRE IV.

De la famille royale et de la reconnaissance du prince des Asturies.

201. Le fils aîné du roi prend le titre de prince des Asturies.

202. Les autres fils et filles du roi prendront celui d'infans ou infantes d'Espagne.

203. Les fils et les filles du prince des Asturies prendront aussi le titre d'infans ou d'infantes d'Espagne.

204. Le titre d'infant d'Espagne ne pourra être accordé à d'autres personnes.

205. Les infans ou infantes d'Espagne jouiront des distinctions et des honneurs attachés jusqu'à présent à ce titre ; ils pourront être nommés aux emplois de toute espèce, excepté aux fonctions de la judicature et de députés aux cortès.

206. Le prince des Asturies ne pourra sortir du royaume sans le consentement des cortès, sous peine d'être déchu par le fait de son droit de succession à la couronne.

207. Il en sera de même s'il demeure hors du royaume au delà du temps fixé, et si, requis de retourner, il ne le fait pas dans le terme déterminé par les cortès.

208. Le prince des Asturies, les infans et les infantes, ainsi que leurs fils et leurs descendans, sujets du roi, ne pourront se marier sans son consentement et celui des cortès, à peine d'être exclus de la succession à la couronne

209. Il sera remis aux cortès ou à la députation permanente, pour être déposée dans les archives des cortès, une copie authentique des actes de naissances, de mariage et de mort de toutes les personnes de la famille royale.

210. Le prince des Asturies sera reconnu par les cortès avec les formalités qui seront déterminées par le règlement d'administration intérieure des cortès.

211. Cette reconnaissance aura lieu dans la première session qui suivra la naissance du prince des Asturies.

212. Lorsque le prince aura atteint sa quatorzième année, il prêtera serment en présence des cortès, suivant la formule suivante : « N..., prince des Asturies, je jure, au nom de
» Dieu, et sur les saints évangiles, de défendre et de conser-
» ver la religion catholique, apostolique et romaine, et de ne
» jamais permettre l'exercice d'aucune autre dans le royaume ;
» d'observer la constitution politique de la monarchie espa-
» gnole, et d'être fidèle et obéissant au roi. Ainsi Dieu me soit
» en aide ! »

CHAPITRE V.

De la dotation de la famille royale.

213. Les cortès désigneront au roi une dotation annuelle pour sa maison, qui soit conforme à la haute dignité de sa personne.

214. Tous les palais dont les rois d'Espagne ont joui jusqu'à ce jour continueront d'appartenir au roi ; et les cortès désigneront les terrains qu'ils croiront convenable de réserver pour le délassement de sa personne.

215. Les cortès assigneront, pour l'entretien du prince des Asturies, dès le jour de sa naissance, et pour l'entretien des infans et infantes qui auront accompli leur septième année, une pension annuelle proportionnée à leur dignité respective.

216. Les cortès assigneront aux infantes la dotation qu'ils jugeront convenable, pour leur servir de dot, et cette dotation une fois remise, la pension de leur entretien cessera tout-à-fait.

217. Si les infans se marient sans sortir de l'Espagne, ils continueront à jouir de la pension assignée à leur entretien ; s'ils se marient, et s'ils établissent leur résidence hors du royaume, cette pension cessera d'avoir lieu, et il leur sera remis pour une seule fois une dotation fixée par les cortès.

218. Les cortès détermineront la pension annuelle qui devra être accordée à la reine veuve.

219. Le traitement des membres de la régence sera pris sur la dotation assignée à la maison du roi.

220. La dotation de la maison du roi, et les pensions à assigner pour l'entretien de sa famille, dont il est question dans les articles précédens, seront déterminées par les cortès au commencement de chaque règne, pendant la durée duquel il ne pourra y être apporté aucun changement.

221. Toutes ces assignations sont à la charge de la trésorerie nationale, qui en fera le versement entre les mains de l'administrateur nommé par le roi, et avec lequel seront réglées les actions actives et passives qui pourraient s'élever pour raison d'intérêt.

CHAPITRE VI.

Des ministres.

222. Il y aura sept ministres, savoir : le ministre secrétaire d'état, le ministre de l'intérieur pour la Péninsule et les îles adjacentes, le ministre de l'intérieur pour les provinces d'outre-mer, le ministre de grâce et justice, le ministre du trésor, le ministre de la guerre et le ministre de la marine.

Les cortès pourront faire dans cette organisation ministérielle les modifications et les changemens que l'expérience ou les circonstances exigeront à l'avenir.

223. Nul ne pourra être ministre, s'il n'est citoyen et dans l'exercice actuel de ses droits : les étrangers, quoique munis de lettres de citoyen, en sont exclus pour toujours.

224. Les attributions de chaque ministère seront déterminées par un règlement particulier approuvé par les cortès.

225. Tous les ordres du roi devront être signés par le ministre dans les attributions duquel l'objet de chaque ordre se trouve compris. Aucun tribunal, aucune personne publique, ne pourront donner suite à un ordre qui ne serait pas revêtu de cette formalité requise.

226. Les ministres seront responsables envers les cortès des ordres contraires à la constitution et aux lois, qu'ils auront signés, sans que l'autorité royale puisse leur servir d'excuse.

227. Les ministres établiront chaque année et d'avance, le budget des dépenses présumées nécessaires pour la partie de l'administration publique qui les concerne ; ils seront également tenus de rendre compte des dépenses faites l'année précédente, de la manière qui leur sera prescrite.

228. Les ministres ne pourront être poursuivis pour cause de responsabilité, qu'après que les cortès auront déclaré qu'il y a lieu à information.

229. Cette déclaration faite, le ministre sera suspendu de ses fonctions, et les cortès transmettront au tribunal suprême de justice, toutes les pièces concernant l'affaire qui y sera instruite et jugée conformément aux lois.

230. Les cortès règleront le traitement dont les ministres devront jouir pendant la durée de leurs fonctions.

CHAPITRE VII.

Du conseil d'état.

231. Il y aura un conseil d'état composé de quarante membres, choisis parmi les citoyens ayant le libre exercice de leurs droits : les étrangers, quoique munis de lettres de citoyen, en sont exclus pour toujours.

232. Le conseil d'état sera composé de la manière suivante : il y aura quatre ecclésiastiques seulement, dont deux évêques, et qui seront choisis parmi les personnes de marque et de mérite du clergé; quatre grands d'Espagne seulement, doués des vertus, des talens et des connaissances nécessaires ; et le restant sera choisi parmi les personnes les plus distinguées par leur naissance et leurs talens, ou par les services signalés qu'elles auront rendus dans quelque branche de l'administration ou du gouvernement de l'état. Les cortès ne pourront proposer pour ces emplois aucune personne qui se trouve député au moment de l'élection. Il y aura dans le conseil d'état douze membres au moins nés dans les provinces d'outre-mer.

233. Tous les conseillers d'état seront nommés par le roi, sur la proposition des cortès.

234. Pour la formation de ce conseil, il sera dressé dans les cortès une triple liste de toutes les classes susdites dans la proportion indiquée, et sur cette liste, le roi choisira les quarante membres qui doivent composer le conseil d'état, en prenant les ecclésiastiques, les grands et les autres sur la liste de leur classe respective.

235. Lorsqu'il y aura une place vacante au conseil d'état, les cortès présenteront au roi, dans leur prochaine session, trois personnes de la classe respective, pour qu'il choisisse celle qu'il lui plaira.

236. Le conseil d'état est l'unique conseil du roi, qui prendra son avis dans les affaires importantes de l'administration, et notamment lorsqu'il s'agira de donner ou refuser la sanction aux lois, de déclarer la guerre et de faire des traités.

237. Ce conseil sera chargé de présenter au roi trois personnes pour pourvoir à chaque bénéfice ecclésiastique, et à chaque place de la judicature.

238. Le roi dressera un règlement pour l'administration intérieure du conseil d'état, après en avoir pris l'avis, et le fera présenter à l'approbation des cortès.

239. Les conseillers d'état ne pourront être destitués sans

une cause dûment reconnue par le tribunal suprême de justice.

240. Les cortès règleront le traitement des conseillers d'état.

241. Les conseillers d'état, en entrant en exercice, prêteront serment, entre les mains du roi, d'observer la constitution, d'être fidèles au roi, et de n'avoir pour guide dans leurs fonctions que le bien de la nation, sans aucune vue particulière et sans aucun intérêt privé.

TITRE V.

Des Tribunaux, et de l'Administration de la justice au civil et au criminel.

CHAPITRE PREMIER.

Des tribunaux.

242. Le pouvoir d'appliquer la loi tant au civil qu'au criminel, appartient exclusivement aux tribunaux.

243. Ni les cortès ni le roi ne pourront exercer en aucun cas les fonctions judiciaires, évoquer les causes pendantes, ni faire reprendre des procédures terminées.

244. Les lois fixeront la marche et les formalités des procédures qui seront les mêmes dans tous les tribunaux : ni les cortès, ni le roi, ne pourront en dispenser.

245. Les tribunaux n'auront d'autres fonctions à exercer que celle de prononcer et faire exécuter leurs jugemens.

246. Ils ne pourront non plus suspendre l'exécution des lois, ni émettre aucun règlement concernant l'administration de la justice.

247. Aucun Espagnol ne pourra être jugé ni au civil ni au criminel par aucune commission, et ne sera justiciable que du tribunal compétent antérieurement créé par la loi.

248. Il n'y aura pour les affaires ordinaires, soit civiles, soit criminelles, qu'une seule juridiction pour toutes les classes indistinctement.

249. Les ecclésiastiques continueront de jouir à cet égard du privilége de leur état, dans les termes prescrits ou qui seront prescrits dans la suite par les lois.

250. Les militaires jouiront aussi de leur privilége particulier, dans les termes prescrits ou qui seront prescrits à l'avenir par les ordonnances.

251. Pour être nommé magistrat ou juge, il faut être né sur

le territoire espagnol, et être âgé de vingt-cinq ans accomplis : les lois détermineront les autres conditions de l'admissibilité à ces fonctions.

252. Les magistrats et les juges ne pourront être destitués de leurs charges, soit temporaires, soit à vie, que pour faits légalement prouvés et établis par jugement, ni suspendus que par suite d'une accusation légalement intentée.

253. S'il parvient au roi des plaintes contre quelque magistrat, et que, information prise, elles lui paraissent fondées, il pourra, son conseil d'état entendu, suspendre le prévenu, en faisant passer sans délai l'information au tribunal suprême de justice, qui jugera d'après les lois.

254. Les juges demeurent personnellement responsables de toute faute contre l'observation des lois qui règlent les procédures en matière civile et en matière criminelle.

255. La subornation, la corruption, la prévarication des magistrats et des juges donnera lieu à l'action du ministère public contre les coupables.

256. Les cortès assigneront aux magistrats et aux juges un traitement convenable.

257. La justice sera administrée au nom du roi; les ordonnances et les exécutoires des tribunaux supérieurs sont aussi rédigés en son nom.

258. Le code civil, le code criminel et le code de commerce sont les mêmes pour toute la monarchie, sauf les modifications que des circonstances particulières pourront y faire apporter.

259. Il y aura dans la capitale un tribunal qui se nommera tribunal suprême de justice.

260. Les cortès détermineront le nombre des magistrats dont il sera composé, et le nombre des chambres qu'il devra former.

261. Les attributions de ce tribunal suprême sont :

1°. De prononcer sur tous les conflits de juridiction qui peuvent s'élever entre les cours de justice dans toute l'étendue du territoire espagnol, et entre ces cours et les tribunaux de la Péninsule et des îles adjacentes. Les conflits de juridiction entre les cours de justice et les tribunaux de première instance seront jugés de la manière qui sera ultérieurement déterminée par les lois ;

2°. De juger les ministres, lorsque les cortès auront déclaré qu'il y a lieu à informer contre eux ;

3°. De connaître de toutes les causes de suspension et de destitution des conseillers d'état et des magistrats des cours de justice ;

4°. De connaître des causes criminelles contre les ministres, les conseillers d'état et les magistrats des cours de justice, d'après l'instruction préalable qui devra être faite par le premier magistrat ;

5°. De connaître de toutes les causes criminelles intentées contre ses membres. S'il devient nécessaire de prendre ce tribunal suprême à partie pour raison de sa responsabilité, les cortès, après avoir rempli la formalité prescrite par l'art. 228, procéderont à la nomination d'un tribunal composé de neuf juges, désignés par le sort sur un nombre double ;

6°. De connaître de tout ce qui concerne la résidence de chaque employé public pour qui elle est obligatoire d'après la loi ;

7°. De connaître de toutes les affaires contentieuses relatives au patronage du roi ;

8°. De connaître de tous les appels comme d'abus de tous les tribunaux supérieurs ecclésiastiques de la cour ;

9°. De connaître de tous les recours pour cause de nullité contre les sentences rendues en dernière instance, à l'effet seulement de rétablir le procès dans son premier état, de le renvoyer par-devant les tribunaux ordinaires, et de rendre effective la responsabilité qui fait l'objet de l'article 254. Quant aux appels qui pourront avoir lieu dans les provinces d'outre-mer, ils seront portés par-devant les cours de justice dans la forme qui sera déterminée en son lieu ;

10°. De recevoir les questions élevées par les autres tribunaux sur l'interprétation des lois, et d'en référer au roi, qui provoquera la décision des cortès ;

11°. De vérifier les listes des causes civiles et criminelles, qui doivent lui être remises par les cours judiciaires, afin de tenir la main à la prompte administration de la justice, d'en transmettre pour la même fin une copie au gouvernement, et de les rendre publiques par la voie de la presse.

262. Toutes les causes civiles et criminelles seront jugées définitivement dans le ressort respectif de chaque cour de justice.

263. Les cours de justice connaîtront de toutes les causes civiles des tribunaux inférieurs de leur ressort en seconde et en troisième instance ; elles connaîtront de même des causes criminelles, suivant ce qui sera déterminé par les lois ; elles connaîtront encore des causes de suspension ou destitution des juges inférieurs de leur ressort, en suivant le mode déterminé par les lois, après en avoir rendu compte au roi

264. Les magistrats qui auront mal jugé en seconde instance ne pourront assister aux débats de la troisième.

265. Les cours de justice connaîtront aussi des conflits de juridiction entre les juges subalternes de leur ressort.

266. Elles connaîtront encore des recours comme d'abus entre les tribunaux et les autorités ecclésiastiques de leur ressort.

267. Elles se feront ponctuellement informer par les juges subalternes de leur ressort, de tous les délits qui auront pu donner lieu à des poursuites judiciaires dans l'étendue de leur juridiction respective ; elles se feront remettre également par eux les listes des causes civiles et criminelles pendantes à leurs tribunaux, avec l'exposé de l'état où elles se trouvent, afin de pourvoir à la prompte administration de la justice.

268. Les cours de justice, dans les provinces d'outre-mer, seront en outre chargées de connaître des recours pour cause de nullité ; dans les cours qui sont assez nombreuses pour former trois chambres, ces recours seront portés par-devant la chambre qui n'a pas été encore saisie de la cause dans aucune instance ; si les cours sont moins nombreuses, les recours seront portés à une autre cour de la même province ; et si, dans cette autre cour il ne se trouve qu'une chambre, ils seront portés à la cour la plus voisine d'un autre district.

269. La nullité prononcée, la cour qui a jugé sur l'appel en rendra compte justificatif au suprême tribunal de justice, pour qu'il fasse peser, sur qui de droit, la responsabilité dont il est parlé dans l'article 254.

270. Les cours de justice adresseront chaque année, au tribunal suprême, les listes des causes civiles, et tous les six mois celles des causes criminelles jugées ou pendantes, avec l'état de situation de celles-ci, y compris celles qui leur auront été renvoyées par les tribunaux inférieurs.

271. Le nombre des magistrats des cours de justice, qui ne pourra pas être au-dessous de sept ; la forme de ces tribunaux, et le lieu de leur résidence, seront déterminés par les lois et des règlemens particuliers.

272. A l'époque où il sera possible de procéder à une division convenable du territoire espagnol, comme il est énoncé à l'article 11, il sera procédé aussi à la détermination du nombre proportionnel de cours de justice qui seront nécessaires, et à la démarcation de leur ressort respectif.

273. Il sera formé des arrondissemens d'une égale étendue proportionnellement, et il y aura dans chaque chef-lieu d'arrondissement un juge jurisconsulte avec un tribunal.

274. Les attributions de ces juges sont restreintes expressément aux affaires contentieuses ; les lois détermineront les pou-

voirs qui les concernent dans la capitale et les villes de son arrondissement, et jusqu'à quelle somme ils pourront juger sans recours en matière civile.

275. Dans toutes les villes il sera établi des alcades, et les lois détermineront l'étendue de leurs pouvoirs, tant dans les matières contentieuses que dans les matières administratives.

276. Tous les juges subalternes seront tenus d'adresser, au plus tard dans trois jours, à la cour de justice dans le ressort de laquelle ils se trouveront, leur rapport sur les délits commis dans le territoire de leur juridiction; et ils continueront de rendre compte de la procédure, aux époques prescrites par la cour de justice.

277. Ils devront aussi adresser à leur cour respective, tous les six mois, les listes générales des causes civiles, et tous les trimestres, celles des causes criminelles pendantes à leur tribunal, accompagnées d'un état de situation.

278. Les lois décideront s'il doit y avoir des tribunaux spéciaux pour connaître d'affaires déterminées.

279. Les magistrats et les juges, avant d'entrer en exercice, prêteront serment de maintenir la constitution, d'être fidèles au roi, d'observer les lois, et d'administrer la justice avec impartialité.

CHAPITRE II.

De l'administration de la justice en matière civile.

280. Aucun Espagnol ne peut être privé du droit de terminer ses différens par l'entremise de juges arbitres nommés par les parties.

281. La sentence rendue par les arbitres sera exécutoire, si les parties ne se sont pas réservé le droit d'appel dans leur compromis.

282. L'alcade de chaque ville y exercera l'office de conciliateur; et toute personne qui aura une action à intenter, soit en matière civile, soit pour cause d'injures, devra s'adresser pour cet objet à cette autorité.

283. L'alcade assisté de deux hommes de bien, nommés respectivement par les parties, entendra le demandeur et le défendeur, se pénétrera bien des raisons sur lesquelles ils appuient leurs prétentions réciproques, et après avoir pris l'avis de ses deux assistans, il jugera provisoirement de la manière qu'il croira la plus propre à terminer le différent sans procédure ultérieure; et l'affaire sera réellement consommée, si les parties acquiescent à cette décision extrajudiciaire.

284. Aucune affaire ne sera admise dans les tribunaux, s'il n'est pas prouvé que ces moyens de conciliation ont été essayés.

285. Dans toute affaire, quelle que soit son importance, il ne pourra y avoir que trois sentences définitives rendues sur instances. Lorsque la troisième instance aura lieu après les deux premières sentences rendues dans le même sens, le nombre de juges qui devront en connaître sera plus grand que celui de ceux qui ont prononcé le second jugement, conformément à ce qui sera disposé par la loi à laquelle appartient aussi de déterminer, eu égard à l'importance des affaires, et à la nature et à la qualité des différens jugemens, quels sont les jugemens qui doivent être rendus exécutoires.

CHAPITRE III.

De l'administration de la justice en matière criminelle.

286. Les lois règleront l'administration de la justice en matière criminelle, de manière que les procédures soient régulièrement et promptement instruites, et que la punition suive de très-près le délit.

287. Aucun Espagnol ne pourra être arrêté, sans une information sommaire et préalable sur le fait qui lui aura fait encourir, d'après la loi, une peine corporelle, et sans une ordonnance par écrit de la part du juge, laquelle lui sera notifiée au moment de son arrestation.

288. Toute personne devra obéir à ces ordonnances : la moindre résistance sera réputée un délit grave.

289. En cas de résistance, ou s'il y a lieu de craindre que le prévenu ne cherche à se soustraire à la justice, on pourra recourir à la force pour s'assurer de sa personne.

290. Le prévenu, avant d'être traduit dans les prisons, sera présenté au juge, s'il n'y a point d'empêchement, pour qu'il reçoive sa déclaration ; sinon, le prévenu sera conduit en prison et écroué, et le juge recevra sa déclaration dans le terme de vingt-quatre heures.

291. Le prévenu fera sa déclaration sans prêter aucun serment ; formalité qui ne peut être exigée de personne en matière criminelle et pour son propre fait.

292. Tout coupable pris en flagrant délit peut être arrêté et traduit devant le juge par qui que ce soit : il sera procédé en tout, tant pour la présentation au juge que pour l'écrou, conformément aux dispositions des deux articles précédens.

293. Si le prévenu est envoyé en prison, ou si sa détention

est confirmée par le juge, il en sera dressé acte motivé dont copie sera remise au geôlier pour qu'il en fasse l'insertion au registre des écrous : sans cette formalité requise, les geôliers ne pourront recevoir aucun détenu, et ce, sous la plus étroite responsabilité.

294. La saisie des biens du détenu n'aura lieu, que lorsqu'il s'agira d'un délit qui entraîne une responsabilité pécuniaire, et seulement pour une valeur équivalente à l'importance de cette responsabilité.

295. Dans les cas où la loi ne le défend pas expressément, celui qui fournira caution ne sera point incarcéré.

296. En quelque état de cause que ce soit, le détenu sera élargi sous caution, s'il ne paraît pas y avoir lieu à l'application d'une peine corporelle.

297. Les prisons doivent être établies pour s'assurer de la personne des détenus, et non pour les tourmenter ; c'est pourquoi le geôlier devra les tenir en bonne et sûre garde, en séparant ceux qui, d'après les ordres du juge, ne doivent avoir aucune communication ; mais il ne tiendra personne dans les basses fosses, ni dans des endroits malsains.

298. La loi déterminera le nombre des visites que l'autorité devra faire dans les prisons : aucun prisonnier ne pourra y être soustrait sous aucun prétexte.

299. Tout juge et tout geôlier qui auront violé une des dispositions énoncées dans les articles précédens, seront punis comme coupable de détention arbitraire, délit qui sera compris comme tel dans le code criminel.

300. Dans le délai de vingt-quatre heures, il sera donné à tout accusé détenu, connaissance officielle du motif de son arrestation, ainsi que du nom de son accusateur, s'il en a un.

301. Avant de prendre la déclaration de l'accusé, il lui sera donné lecture de toutes les pièces de la procédure en entier, ainsi que des dépositions et du nom des témoins ; si le nom des témoins ne suffit pas à l'accusé pour les reconnaître, on lui fournira tous les renseignemens qu'il demandera à cet effet.

302. A commencer de là, le procès continuera de s'instruire publiquement, de la manière et dans les formes déterminées par les lois.

303. Il ne sera jamais fait usage de torture ni de contrainte.

304. Il ne pourra non plus être prononcé de confiscations de biens.

305. Aucune peine, pour quelque délit qu'elle soit infligée, ne pourra s'étendre d'aucune manière à la famille du coupable, la punition ne pouvant affecter que celui qui l'a méritée.

306. Le domicile d'aucun Espagnol ne pourra être violé, excepté dans les cas prévus par la loi, pour le bon ordre et la sûreté de l'état.

307. Si les cortès pensent à l'avenir qu'il doive y avoir une distinction entre les juges du fait et du droit, ils établiront cette différence dans la forme qui leur paraîtra convenable.

308. Si dans quelques circonstances extraordinaires la sûreté de l'état exigeait que quelques-unes des formalités prescrites dans ce chapitre pour l'arrestation des délinquans, fussent suspendues dans toute la monarchie ou dans une partie seulement, les cortès pourront décréter cette suspension pour un temps déterminé.

TITRE VI.

Du Gouvernement intérieur des provinces et des villes.

CHAPITRE PREMIER.

Des conseils de ville.

309. Il y aura pour le gouvernement intérieur des villes, des conseils municipaux, composés de l'alcade ou des alcades, s'il y en a plusieurs, des régidors, et du procureur-syndic, et présidés par le chef politique, s'il y en a un, et, à défaut d'autre chef supérieur, par l'alcade ou l'alcade le plus ancien, s'il y en a deux.

310. Il sera établi des conseils municipaux dans les villes qui n'en ont point et qui doivent en avoir, c'est-à-dire, dans toutes celles dont la population, y compris celle du territoire, s'élève à mille habitans; le ressort de chaque ville sera également déterminé.

311. Les lois détermineront le nombre d'individus de chaque classe qui devront composer les conseils municipaux, en proportion de la population.

312. Les alcades, les régidors et les procureurs syndics, seront nommés par les citoyens : les régidors actuels et autres fonctionnaires qui occupent des places à vie dans les conseils municipaux, quels que soient leur titre et leur dénomination, cesseront aussitôt leurs fonctions.

313. Chaque année, au mois de décembre, les citoyens de chaque ville se réuniront pour élire, à la pluralité des voix, un nombre déterminé d'électeurs, proportionnel à la population : les électeurs devront être choisis parmi les citoyens, ayant le libre exercice de leurs droits, et domiciliés dans la ville même.

314. Les électeurs nommeront dans le courant du même mois de décembre, à la pluralité absolue des suffrages, un ou deux alcades, les régidors, et un ou deux procureurs-syndics, qui devront entrer en exercice le premier janvier suivant.

315. Les alcades seront changés tous les ans; les régidors seront renouvelés par moitié chaque année, ainsi que les procureurs-syndics dans les villes qui en ont deux : s'il n'y en a qu'un, il sera renouvelé tous les ans.

316. Toute personne qui aura exercé un de ces emplois, ne pourra être réélue, ni pour l'un ni pour l'autre, qu'après un intervalle de deux ans au moins.

317. Pour pouvoir être élu alcade, régidor ou procureur-syndic, il faut être citoyen, avoir l'exercice actuel de ses droits, et en outre être âgé de vingt-cinq ans passés, et résidant et domicilié dans la ville depuis au moins cinq ans. Les autres qualités requises dans ces fonctionnaires seront déterminées par les lois.

318. Aucun employé public nommé par le roi, et actuellement en exercice, ne pourra être alcade, ni régidor, ni procureur syndic : ne sont pas compris dans cette exception ceux qui servent dans les milices nationales.

319. Tous ces emplois municipaux sont des charges communales dont personne ne pourra se dispenser sans une cause légitime.

320. Dans chaque conseil de ville il y aura un secrétaire nommé par le conseil à la pluralité absolue des suffrages, lequel sera payé sur les fonds communaux.

321. Les conseils de ville demeurent chargés :

1°. De la police de santé et de tout ce qui a rapport au bien-être des citoyens;

2°. De seconder l'alcade dans toutes les mesures relatives à la sûreté des personnes et des biens des habitans, et au maintien de l'ordre public;

3°. De l'administration et de l'emploi des fonds communaux et des deniers d'octroi, conformément aux lois et aux règlemens, à la charge par eux de nommer un dépositaire de la gestion duquel seront responsables ceux qui l'auront nommé;

4°. De faire la répartition et le recouvrement des contributions, et d'en effectuer le versement dans les caisses respectives;

5°. De veiller sur toutes les écoles primaires et autres établissemens d'éducation entretenus aux dépens de la ville;

6°. De veiller sur les hôpitaux, les hospices, les maisons d'enfans-trouvés, et autres établissemens de bienfaisance, en se conformant aux règles qui seront prescrites;

7°. De la construction et de la réparation des chemins, chaussées, ponts et prisons ; de l'entretien des montagnes et plantations communales, et de tous les établissemens publics d'un usage nécessaire ou utile ou de simple ornement ;

8°. De dresser les ordonnances municipales, et de les présenter à l'approbation des cortès par l'entremise de la députation de la province, qui y joindra son avis ;

9°. De favoriser l'agriculture, l'industrie et le commerce, suivant l'intérêt et la situation des lieux, autant qu'il sera utile et avantageux de le faire.

322. Dans le cas où il s'agirait de former quelque établissement d'une utilité commune, et que l'insuffisance des fonds communaux rendît nécessaire d'établir des octrois, les conseils de ville n'auront pas le droit de le faire, sans en avoir obtenu l'aveu des cortès par l'entremise des députés de la province. Dans le cas d'urgence néanmoins, les conseils de ville pourront les établir provisoirement du consentement de la députation provinciale, en attendant la décision des cortès. Ces octrois seront administrés en tout comme les fonds communaux.

323. Les conseils de ville dirigeront tout ce qui concerne leurs attributions sous la surveillance des députés de la province, auxquels ils rendront chaque année un compte justificatif des fonds publics qu'ils auront reçus et dépensés.

CHAPITRE II.

Du gouvernement des provinces, et des députations provinciales.

324. Chaque province sera civilement gouvernée par un chef supérieur nommé par le roi.

325. Il y aura dans chaque province une députation dite *députation provinciale*, qui sera chargée, sous la présidence du chef supérieur, d'en favoriser la prospérité.

326. Cette députation sera composée du président, de l'intendant, et de sept membres élus dans la forme dont il sera parlé plus bas, sauf les changemens que pourront apporter les cortès à l'avenir dans sa composition numérique selon qu'ils le croiront convenable, ou que les circonstances pourront l'exiger, lorsqu'il aura été statué sur la nouvelle division des provinces, conformément aux dispositions de l'article 11.

327. La députation provinciale sera renouvelée tous les deux ans par moitié, c'est-à-dire, que la moitié plus un sortira à la

première élection, et le reste à l'élection suivante, et successivement.

328. La nomination de ces députés sera faite par les électeurs d'arrondissement, le lendemain de l'élection des députés aux cortès, et dans le même ordre.

329. A la même époque, et dans la même forme, il sera nommé trois suppléans pour chaque députation.

330. Pour avoir droit d'être nommé à la députation provinciale, il faut être citoyen, avoir le libre exercice de ses droits, être âgé de plus de vingt-cinq ans, être né dans la province, ou y faire sa résidence depuis au moins sept ans, et jouir d'un revenu suffisant pour pouvoir vivre avec décence : les personnes qui occupent des emplois à la nomination du roi, comme il est dit à l'article 318, sont exclues de ces fonctions.

331. Nul ne pourra être réélu, s'il ne s'est écoulé au moins quatre années depuis la cessation de ses premières fonctions.

332. Lorsque le chef supérieur de la province ne pourra présider la députation, il sera remplacé par l'intendant, et, à son défaut, par le plus ancien député.

333. La députation se nomme un secrétaire, dont les appointemens seront pris sur les fonds publics de la province.

334. La députation tiendra au moins, chaque année, quatre-vingt-dix séances, distribuées aux époques qui paraîtront les plus convenables. Dans la Péninsule, ces députations devront être réunies le premier mars, et dans les provinces d'outre-mer, le premier juin.

335. Elles demeurent chargées, 1o. de vérifier et d'approuver la répartition des contributions à payer par la province entre les villes qui la composent ;

2o. De veiller au bon emploi des fonds publics de chaque ville, d'en vérifier et d'en arrêter les comptes, avant qu'ils soient soumis à l'autorité supérieure, et de veiller à ce qu'ils soient établis en tout et partout, conformément aux lois et aux règlemens ;

3o. D'avoir soin qu'il soit établi des conseils de ville partout où il doit y en avoir, en vertu des dispositions de l'article 310 ;

4o. De proposer au gouvernement l'établissement des impôts communaux, qui pourraient devenir nécessaires pour des fondations ou des réparations d'une utilité commune pour la province, à l'effet d'obtenir l'autorisation des cortès. Dans les provinces d'outre-mer, si l'urgence ne permet pas d'attendre la décision des cortès, la députation pourra, moyennant le consentement exprès du chef de la province, établir de suite l'impôt nécessaire, en en rendant compte sans délai au gouvernement, afin que cette mesure provisoire soit soumise à l'approbation des cortès. Pour la perception de l'impôt communal, la députation nommera, sous sa responsabilité, un dépositaire; et les comptes de l'emploi des fonds qui en seront provenus, après avoir été vérifiés par la députation, seront adressés au gouvernement qui les fera reconnaître, et les soumettra, avec ses observations, à l'approbation des cortès;

5°. De tenir la main à ce que l'éducation de la jeunesse soit suivie conformément aux plans approuvés; de favoriser l'agriculture, l'industrie et le commerce, en protégeant les auteurs des nouvelles découvertes dans l'une ou l'autre de ces trois branches de la prospérité publique;

6°. D'éveiller l'attention du gouvernement sur les abus qu'elles pourront découvrir dans l'administration des deniers publics;

7°. De former le dénombrement et la statistique des provinces;

8°. De veiller à ce que les œuvres-pies et les établissemens de bienfaisance remplissent leur but respectif, et de proposer au gouvernement les mesures qui leur paraîtront convenables à la réforme des abus qui auraient pu s'y glisser;

9°. De faire connaître aux cortès les infractions à la constitution, qui pourraient être commises dans la province;

10°. Les députations des provinces d'outre-mer veilleront à l'économie, l'ordre et les progrès des missions chargées de la conversion des Indiens infidèles: les directeurs de chaque mission seront tenus de leur rendre compte de leurs opérations à cet égard, afin de prévenir les abus; et les députations en donneront entière connaissance au gouvernement.

336. Si quelque députation provinciale vient à abuser de ses pouvoirs, le roi pourra suspendre de leurs fonctions les membres qui la composent, en donnant connaissance aux cortès de cette mesure et des motifs qui l'ont provoquée, pour qu'il soit statué par eux ce qu'il conviendra. Pendant la durée de cette suspension, les députés suppléans entreront en exercice.

337. Tous les membres des conseils de ville et des députations provinciales, avant d'entrer en fonctions, prêteront serment, les premiers entre les mains du chef politique, s'il y en a un, ou, à son défaut, du premier alcade, et les autres entre les mains du chef supérieur de la province, de maintenir la constitution politique de la monarchie espagnole, d'observer

les lois, d'être fidèles au roi, et de remplir scrupuleusement les obligations de leur charge.

TITRE VII.

Des Contributions.

CHAPITRE UNIQUE.

338. Les cortès établiront ou confirmeront chaque année les contributions, tant directes qu'indirectes, tant générales que provinciales ou communales ; les anciennes impositions sont provisoirement maintenues, jusqu'à ce qu'il y soit dérogé ou qu'il en soit établi de nouvelles.

339. Les contributions seront réparties entre tous les Espagnols d'une manière proportionnée aux facultés de chacun, sans exception et sans privilége pour personne.

340. La quotité des contributions sera en proportion des dépenses décrétées par les cortès, pour le service public, dans toutes les branches de l'administration.

341. Pour que les cortès puissent fixer les dépenses de chaque branche du service public, et déterminer en conséquence les contributions nécessaires pour les couvrir, le ministre des finances devra leur présenter, aussitôt après leur réunion, le budget général des fonds présumés nécessaires, dressés d'après les budgets particuliers fournis par chaque ministère.

342. Le ministre des finances joindra au budget général le plan des contributions à lever pour couvrir les dépenses.

343. Si une contribution paraît au roi onéreuse ou préjudiciable, il en référera aux cortès par l'intermédiaire du ministre des finances, qui leur proposera en même temps ce que le roi aura cru convenable de substituer.

344. La quotité de la contribution directe étant arrêtée, les cortès en approuveront la répartition entre les provinces, suivant les richesses de chacune, d'après les renseignemens fournis à cet égard par le ministre des finances.

345. Il y aura une trésorerie générale pour toutes les Espagnes, laquelle sera chargée du maniement de tous les revenus publics destinés au service de l'état.

346. Il y aura, dans chaque province, un trésorier chargé de recevoir tous les fonds qui s'y perçoivent pour le compte du trésor public, et de correspondre avec la trésorerie générale, à la disposition de laquelle il tiendra tous ses recouvremens.

347. Aucun paiement ne sera admis en compte au trésorier général, s'il n'a pas été fait en vertu d'un décret du roi, contresigné par le ministre des finances, et dans lequel il soit fait mention de la nature de la dépense, et du décret des cortès qui l'a autorisée.

348. Pour que la trésorerie générale puisse dresser ses comptes avec l'exactitude convenable, il lui sera fourni des états détaillés des recettes par la chambre des comptes des revenus publics, et des états détaillés des dépenses par la chambre des comptes, chargée de la vérification des dépenses.

349. Les attributions spéciales de ces chambres seront réglées par une instruction particulière.

350. Il sera établi, par une loi spéciale, une grand'chambre des comptes chargée de vérifier tous les comptes relatifs aux deniers publics.

351. La comptabilité de la trésorerie générale, qui devra comprendre le produit et l'emploi annuel de toutes les contributions et de tous les revenus publics, aussitôt qu'elle aura reçu l'approbation définitive des cortès, sera imprimée, publiée et adressée aux députations des provinces et aux conseils de ville.

352. La comptabilité des dépenses de chaque ministère sera imprimée et publiée de la même manière.

353. Le maniement des finances sera toujours indépendant de toute autre autorité que celle qui en est chargée par la constitution.

354. Il n'y aura des douanes que dans les ports de mer et sur les frontières; mais cette disposition demeurera suspendue jusqu'à ce que les cortès décident qu'il y a lieu à la mettre en vigueur.

355. La dette publique reconnue sera un des premiers objets de l'attention des cortès, qui veilleront avec le plus grand soin à son extinction progressive, ainsi qu'au paiement des pensions à chaque échéance, et statueront sur tout ce qui concerne la direction de cette branche importante de l'administration, tant par rapport aux chambres respectives des comptes, que relativement aux mesures qui pourront paraître nécessaires, et dont l'exécution sera absolument indépendante de la trésorerie générale.

TITRE VIII.

De la Force militaire nationale.

CHAPITRE PREMIER.

Des troupes permanentes.

356. Il y aura une force militaire nationale permanente de terre et de mer, pour la défense extérieure de l'état, et la conservation de l'ordre intérieur.

357. Les cortès fixeront annuellement le nombre de troupes qui seront nécessaires selon les circonstances, et le mode de recrutement qui sera le plus convenable.

358. Les cortès fixeront de même le nombre de vaisseaux de la marine militaire qui devront être et rester armés.

359. Les cortès règleront par ordonnances tout ce qui est relatif à la discipline, à l'ordre de l'avancement, à la solde, à l'administration, et à tout ce qui est relatif à la bonne constitution de l'armée et de la flotte.

360. Il sera établi des écoles militaires pour l'enseignement et l'instruction de toutes les différentes armes de l'armée de terre et de mer.

361. Aucun Espagnol ne peut se dispenser du service militaire auquel il peut être appelé par la loi.

CHAPITRE II.

Des milices nationales.

362. Il y aura dans chaque province des corps de milices nationales, formés par les habitans, en proportion des besoins et de la population de chaque province.

363. Le mode de formation de ces milices, leur nombre, et l'administration de tout ce qui y est relatif, sera réglé par une ordonnance particulière.

364. Le service de ces milices ne sera pas continuel; il n'aura lieu que lorsque les circonstances l'exigeront.

365. En cas de besoin, le roi pourra disposer de cette force dans l'intérieur de la province respective; mais il ne pourra l'employer au dehors sans l'autorisation des cortès.

TITRE IX.

De l'instruction publique.

CHAPITRE UNIQUE.

366. Il sera établi dans toutes les villes, bourgs ou villages de la monarchie, des écoles primaires, dans lesquelles les enfans apprendront la lecture, l'écriture, l'arithmétique et le catéchisme de la religion catholique, auquel on joindra une courte exposition des obligations civiles.

367. Il sera établi également le nombre d'universités et d'autres établissemens d'instruction publique, qui sera jugé nécessaire pour l'enseignement de toutes les sciences, de la littérature et des belles-lettres.

368. Le plan général de l'enseignement sera uniforme dans tout le royaume ; et la constitution politique de la monarchie sera expliquée dans toutes les universités et tous les établissemens littéraires où on enseignera les sciences ecclésiastiques ou politiques.

369. Il y aura une direction générale des études, composée de personnes d'une instruction connue, et chargées, sous l'autorité du gouvernement, de l'inspection de l'enseignement.

370. Les cortès régleront, au moyen de plans et de statuts particuliers, tout ce qui sera relatif au grand objet de l'instruction publique.

371. Chaque Espagnol est libre d'écrire, de faire imprimer et publier ses idées politiques, sans avoir besoin de licence, et sans révision ou approbation antérieure à la publication, sauf les restrictions et la responsabilité établies par les lois.

TITRE X.

De l'observation de la Constitution, et du mode de procéder pour y faire des modifications.

CHAPITRE UNIQUE.

372. Les cortès, dans leurs premières séances, prendront en considération les infractions de la constitution qui leur auront été dénoncées, afin d'y apporter le remède convenable, et de faire peser la responsabilité sur les contrevenans.

373. Tout Espagnol a le droit de faire des représentations aux cortès ou au roi pour réclamer l'observation de la constitution.

374. Toute personne nommée à un emploi public, civil, militaire ou ecclésiastique, avant d'en prendre possession, prêtera serment d'observer la constitution, d'être fidèle au roi, et de remplir ses fonctions comme elle le doit.

375. Pendant les huit premières années qui suivront la mise en vigueur de la constitution dans toutes ses parties, il ne pourra être proposé aucune altération, addition ou réforme dans aucun de ses articles.

376. Pour pouvoir faire quelque altération, addition ou réforme dans la discussion, il faudra que la députation qui aura à s'en occuper définitivement, soit nantie d'un pouvoir spécial pour cet objet.

377. Toute proposition tendante à réformer quelque article de la constitution, devra être faite par écrit, et signée et appuyée par vingt députés au moins.

378. Cette proposition ainsi faite sera lue trois fois, de six en six jours; après la troisième lecture, il sera délibéré s'il y a lieu ou non à l'admettre à la discussion.

379. Dans le cas d'admission, il sera procédé de la même manière qu'il est prescrit pour la formation des lois; après quoi il sera mis aux voix, s'il y a lieu à la reproduire dans la députation générale de l'année suivante : l'affirmative sera déterminée par les deux tiers des suffrages.

380. La députation générale de l'année suivante, après avoir rempli les mêmes formalités dans toute leur étendue, pourra déclarer, moyennant les deux tiers des suffrages, dans quelle année de sa session les pouvoirs spéciaux pour opérer la réforme proposée, devront être délivrés aux députés.

381. Cette délibération sera aussitôt publiée et communiquée à chaque province; et selon l'époque, les cortès détermineront si c'est la députation qui doit succéder immédiatement, ou la suivante, qui devra être nantie des pouvoirs spéciaux.

382. Ces pouvoirs seront délivrés par les assemblées électorales de province ; à cet effet on ajoutera aux pouvoirs ordinaires la clause suivante :

« Ils leur donnent en outre un pouvoir spécial pour faire
» dans la constitution la réforme dont il est question dans le
» décret des cortès dont la teneur suit (on mettra ici le texte
» de ce décret) : le tout conformément à ce qui est prévu par
» ladite constitution ; s'obligeant formellement de tenir pour
» constitutionnel ce qu'ils statueront, en vertu des présens
» pouvoirs. »

383. La réforme proposée sera de nouveau discutée; et si elle est approuvée par les deux tiers des députés, elle deviendra loi constitutionnelle de l'état, et sera proclamée comme telle dans les cortès.

384. Le décret de réformation sera présenté au roi par une députation, pour qu'il le fasse publier et communiquer à toutes les autorités et dans toutes les villes de la monarchie.

Cadix, le 18 mars 1812.

Suivent les signatures de MM. les députés aux Cortès :

Andres (Charles). Royaume de Valence.
Arostegui (Emmanuel). Province de Alava.
Alcayna (Antoine). Royaume de Grenade.
Arguelles (Augustin). Asturies.
Azuares (Joseph). Aragon.
Aguirre (Pierre-Antoine). Province de Cadix.
Avila (Joseph-Ignace). Province de Saint-Sauveur (Amérique).
Alonso y Lopez (Joseph). Galice.
Aner de Estève (Philippe). Catalogne.
Aytes (Félix). Catalogne.
Aparici y Ortiz (Pierre). Royaume de Valence.

Borrull y Villanova (François-Xavier). Royaume de Valence.
Beye Cisneros (Joseph-Ignace). Mexique (Amérique).
Baron de Casa-Bianca. Royaume de Valence.
Becerra (Joseph). Galice.
Bermudez (Joseph-Laurent). Province de Iarma (Amérique).
Balle (Jean). Catalogne.

Comte de Buena-Vista-Cerro. Province de Cuenca.
Couto (Joseph-Marie). Nouvelle-Espagne (Amérique).
Cea (Joseph). Royaume de Cordoue.
Clemente (Fermin). Venezuela (Amérique).
Caneja (Joachim), secrétaire. Royaume de Léon.
Castillo (Florence). Costa-Rica (Amérique).
Canedo (Alonso). Asturies.
Cerero (Joseph). Province de Cadix.
Cardenas (Joseph-Édouard). Tabasco (Amérique.)
Capmany (Antoine). Catalogne.
Conde de Toreno. Asturies.
Conde de Punonrostro. Nouveau royaume de Grenade (Amérique).
Castello (Joseph). Royaume de Valence.
Calatrava (Joseph-Marie). Estramadure.
Calvet y Rabalcava (François). Catalogne.
Ciscar (François). Royaume de Valence.
Creus (Jayme). Catalogne.

Duenas y Castro (Domingue). Royaume de Grenade.
Delos Reyes (Bonaventure). Iles Philippines (Asie).

Dou (Ramon Lazare). Catalogne.
Dela Serna (François). Province d'Avila.

Évêque de Mayorque. Ile de Mayorque.
Évêque de Calahorra. Province de Burgos.
Esteller (Balthasar). Royaume de Valence.
Escudero (François-de-Paula). Navarre.
Évêque de Léon. Estramadure.
Espiga y Gadea (Joseph). Catalogne.
Eguia (François). Biscaye.

Foncerrada (Joseph). Province de Valladolid de Mecheacan (Amérique).
Fernandez-Munilla (François). Nouvelle-Espagne (Amérique).
Feliu (Ramon.) Amérique.
Fernandez de Leyva (Joachim). Chili (Amérique).
Fernandez Golfin (François). Estramadure.

Gonzalez y Lastiri (Michel). Icautan (Amérique).
Garcia Coronel (Pierre). Pérou (Amérique).
Gordillo (Pierre). Iles Canaries.
Garoz y Penalver (Blas). Province de la Manche.
Gomez-Fernandez (François). Royaume de Séville.
Garcès y Varea (François). Ronda.
Gonzalez de Lamas (Pierre). Royaume de Séville.
Guridi y Alcocer (Joseph-Michel). Province de Laccata (Amérique.)
Gutierrez de Téran (Joseph-Marie). Secrétaire, Nouvelle-Espagne (Amérique).
Gordoa, y Barrios (Joseph-Michel). Province de Zacatecas (Amérique).
Garcia-Herreros (Emmanuel). Province de Soria.
Goyanes (Emmanuel). Royaume de Léon.
Gonzalez-Peynado (François). Royaume de Jaen.
Gonzalez-Colombres (Louis). Royaume de Léon.
Guerena (Jean-Joseph). Nouvelle-Biscaye (Amérique).
Giraldo de Arquellada (Ramon). Province de la Manche.
Gutierrez de la Huerta (François). Province de Burgos.
Gallego (Jean-Nicaise). Province de Zamora.

Hermida (Benoit-Ramon). Galice.
Herrera (Jean-Marie). Estramadure.

Inca-Iupangui (Denis). Pérou (Amérique).
Ingpuanzo (Denis). Asturies.

Jauregui (André). Ile de Cuba (Amérique).

Key y Munoz (Jacques). Iles Canaries.

Léra y Munoz (Jean). Province de la Manche.
Laguna (Grégoire). Estramadure.

Lopez de Plata (Joseph-Antoine). Province de Nicarague (Amérique).
Luxan (Emmanuel). Estramadure.
Lopez del Pan (Joseph-Sauveur) Galice.
Lopez (Simon). Royaume de Murcie.
Larrazabal (Antoine). Province de Goatemala (Amérique).
Lopez-Lisperguer (François). Buenos-Ayres (Amérique).
Lladsò (Ramon). Catalogne.
Llaneras (Antoine). Ile de Mayorque.
Llarena y Franchy, (Ferdinand). Les Canaries.
Lloret y Marti (Antoine). Royaume de Valence.
Llano (Emmanuel). Province de Chiapa (Amérique).

Marquis de Tamarit. Catalogne.
Melgarejo (Ferdinand.) Province de la Manche.
Martinez-Fortun (Isidor.) Royaume de Murcie.
Martinez-Fortun (Nicolas). Royaume de Murcie.
Martinez (Joseph). Royaume de Valence.
Martinez (Bernard). Galice.
Martinez (Emmanuel-Marie). Estramadure.
Martinez (Joachim). Royaume de Valence.
Maldonado (Maxime). Nouvelle-Espagne (Amérique).
Maniau (Joaquin). Vera-Cruz (Amérique).
Mendiola (Mariano). Province de Queretaro (Amérique).
Moralez-Duarez (Vincent). Pérou (Amérique).
Morales-Gallego (Joseph). Province de Séville.
Munoz-Torrero (Diego). Estramadure.
Morales-de-los-Rios (Andres). Province de Cadix.
Morejon (Joseph.-François). Provinces d'Honduras (Amér.).
Morros (François). Catalogne.
Manglano (Raphaël). Province de Tolède.
Mexia, Le Querica (Joseph). Nouveau royaume de Grenade (Amérique).
Marquis de Villafranca y los Velez. Murcie.
Moragues (Guillaume). Ile de Majorque).
Mosquera y Cabrera (François). Ile de Saint-Domingue.
Mosquera y Lera (Benoît-Marie). Galice.

Nunez de Haro (Alphonse). Province de Cuença.
Navarro (Ferdinand). Catalogne.
Navarrete (Joseph-Antoine). Secrétaire. Pérou (Amér.).

Ostolaza (Blas). Pérou (Amérique).
Olmedo (Joseph-Joachin). Guayaquil (Amérique).
O-Gavan (Jean-Bernard). Ile de Cuba (Amérique.)
Ortiz (Joseph-Joachin). Panama (Amérique).
Oliveros (Antoine). Province d'Estramadure.
Obregon (Octavien). Guanaxato (Amérique).

Pasqual (Vincent), président. Aragon.

Power (Ramon). Puerto-Rico (Amérique).
Perez (Antoine-Joachim). Puebla de los Angelos (Amérique).
Polo y Catalina (Jean). Aragon.
Parga (Antoine.) Galice.
Papiol (François). Catalogne.
Payan (Antoine). Galice.
Palacios (Etienne). Venezuela (Amérique).
Pardo (François). Galice.
Perez de Castro (Evariste). Province de Valladolid.
Parada (Diego). Province de Cuença.

Quiroga (Jean-Bernard). Galice.
Quintano (Jean). Province de Palencia.

Rodrigo (Emmanuel). Buenos-Ayres (Amérique).
Rodriguez-Bahamonde (Augustin). Galice.
Ruiz de Padron (Antoine-Joseph). Iles Canaries.
Rivera (Pierre). Galice.
Ruiz (Jérôme). Province de Ségovie.
Roxas (Emmanuel). Province de Cuença.
Rovira (Alphonse). Royaume de Murcie.
Riesco (François-Marie). Estramadure.
Riesco y Puente (Michel). Chili (Amérique).
Ric (Pierre-Marie). Aragon.
Roa y Fabian (Joseph). Molina.
Rivas (Joseph). Ile de Mayorque.
Rocafull (Joseph-Marie). Royaume de Murcie.
Ros (Emmanuel). Galice.
Ramos de Arispe (Joseph-Michel.) Province de Cohila (Amérique).
Rus (Joseph Doninique. (Province de Macaybo (Amér.).
Rodriguez de Barcne (Fracena de Sales). Royaume de Séville.

Samper (Antoine). Royaume de Valence.
Salas (Jean). Ronda.
Sombiela (Joseph-Antoine). Royaume de Valence.
Santalla y Quindòs (François). Royaume de Léon.
Savariego (André). Nouvelle-Espagne (Amérique).
Salas y Bojadors (Joseph). Ile de Mayorque.
Serres (Jean). Catalogne.
Sierra y Llanes (François). Asturies.
Salazar (François). Pérou (Amérique).

Terrero (Vincent). Province de Cadix.
Traver (Vincent-Thomas). Royaume de Valence.
Torres-y Machi (Joseph). Royaume de Valence.
Torres-Guerra (Alphonse). Province de Cadix.

Utgès (Ramon). Catalogne.
Uria (Joseph Simon). Nouveau royaume de Galice (Amér.).

Vasquez de Aldana (Antoine). Province de Toro.

Vazquez (Philippe). Asturies.
Valcarce y Peña (Antoine). Royaume de Léon.
Valcarcel Dato (Joseph). Province de Salamanque.
Velasco (Louis). Buenos-Ayres (Amérique.)
Vacquez de Parga (Antoine). Galice.
Velodiez y Herrera (Joseph-Marie). Province de Guadalaxara.
Vega Infauzon (André-Ange). Asturies.
Vega y Sentmanat (Joseph). Catalogne.
Villagomez (Michel-Alphonse). Royaume de Léon.
Villanueva (Joachim-Laurent). Royaume de Valence.
Vera y Pntoja Alphonse). Estramadure.

Zuflriategui (Raphaël). Monte-Video (Amérique).
Zumalacarregui (Michel-Antoine). Guipuzcoa.
Zuazo (Antoine). Pérou (Amérique.)
Zorrapin (Joseph), secrétaire. Province de Madrid.

En conséquence, mandons et ordonnons à tous les Espagnols, nos sujets, de quelque classe, de quelque condition qu'ils soient, de maintenir et observer la constitution ci-dessus, comme loi fondamentale de la monarchie ; mandons à tous les tribunaux, toutes les cours de justice, à tous chefs, gouverneurs et autres autorités, tant civiles que militaires ou ecclésiastiques, de toutes classes et de toute dignité, d'observer et de faire observer ladite constitution dans tout son contenu, de tenir la main à son exécution, et de faire tout ce qui est nécessaire à son accomplissement, en la faisant imprimer, publier et communiquer dans tous les lieux de leur ressort.

Suivent les signatures des membres de la régence :

Mosquera y Figueron, (Joaquin de), Président.
Villavicencio (Juan).
Rodriguez de Rivas. (Ignacio).
Le comte del Abisbal.

A Cádix, le 19 de mars 1812.

A. D. Ignacio de la Pezuela.

DISCOURS

Prononcé par le président des Cortès, à Ferdinand VII, lors de son entrée en Espagne.

« Une déplorable crédulité vous a fait descendre du trône où vous étiez monté prématurément par la pusillanimité de votre père, qui avait perdu la confiance de la nation.

» Les circonstances de cet événement ont été marquées par les scènes scandaleuses qui ont déconsidéré votre famille. Votre perte a failli entraîner celle de la nation, et elle n'a dû son salut qu'à son courage et à sa persévérance.

» Les calamités qu'elle a éprouvées sont inouïes, et la patrie est encore en deuil pour les sacrifices généreux qu'elle a faits dans la cause de son indépendance.

» La nation, qui est restée debout au milieu de ses ruines, pourrait se donner pour chef celui de ses guerriers qui a le plus vaillamment défendu sa liberté, ou celui de ses magistrats qui a le plus courageusement soutenu ses droits. La reconnaissance lui en fait un devoir, et peut-être que le désir de sa conservation lui en fait un besoin. Cependant, fidèle à ses sermens plus qu'à la voix de son intérêt, elle replace sur votre tête cette couronne qui en était tombée, et qu'elle a su reconquérir pour vous et sans vous. Ne perdez jamais de vue que vous ne devez cette couronne qu'à la générosité nationale, et que votre vie entière et celle de vos descendans n'auront jamais assez de durée pour vous acquitter envers elle. La patrie ne met à votre autorité d'autres limites que celles qui sont posées par la charte constitutionnelle que ses représentans ont adoptée. Le jour où vous les franchiriez, le pacte solennel qu'elle forme aujourd'hui avec vous serait rompu, et vous deviendriez vous-même sujet de la loi dont vous êtes devenu l'organe.

» Régnez, prince; consolez la patrie des maux qu'elle a soufferts pour vous et par vous, et employez l'autorité qu'elle vous remet à cicatriser ses plaies. Il n'est aucun sacrifice par lequel elle ne soit encore disposée à vous seconder dans cette noble entreprise.

» Que le ciel protége et prolonge vos jours, autant qu'ils seront consacrés à la prospérité nationale. »

Du 7 mars 1820.

Son excellence le marquis de Mataflorida, secrétaire d'état, et ministre de la justice, a communiqué à son excellence le duc d'Infantado, président du conseil suprême de Castille, le décret royal qui suit :

« Excellence, le roi notre seigneur a daigné me communiquer, en date du 6, le décret suivant :

» Mon conseil royal et d'état m'ayant fait connaître combien la convocation des cortès serait convenable au bien de la monarchie ; en me conformant à son avis, parce qu'il est d'accord avec les lois fondamentales que j'ai jurées, je veux qu'immédiatement les cortès soient convoqués ; à cette fin, le conseil prendra les mesures les plus convenables pour que mon désir soit rempli, et que les représentans légitimes du peuple soient entendus et revêtus, conformément aux lois, des pouvoirs nécessaires. De cette manière, on conciliera tout ce que le bien général exige ; ils doivent être convaincus qu'ils me trouveront prêt à tout ce que l'intérêt de l'état et le bonheur de mon peuple, qui m'a donné tant de preuves de sa loyauté, pourront exiger. Dans ce but, le conseil me soumettra tous les doutes qui pourront se présenter. Afin qu'il n'y ait pas la moindre difficulté ni le moindre retard, je vous communique le présent ordre, pour que vous vous mettiez en mesure de l'exécuter.

» Je vous le fais savoir d'ordre exprès de sa majesté, pour que le conseil s'y conforme, et que, sans le moindre retard, il dispose de ce qui conviendra pour réaliser les bienfaisantes intentions de sa majesté.

» Dieu vous garde longues années.

» Du palais, le 6 mars 1820. »

Décret royal du 8 mars 1820.

« Pour éviter les détails qui pourraient avoir lieu par suite des incertitudes qu'éprouverait au conseil l'exécution de mon décret d'hier, portant convocation immédiate des cortès, et la volonté du peuple s'étant généralement prononcée, je me suis décidé à jurer la constitution promulguée par les cortès généraux et extraordinaires, en l'an 1812.

» Je vous le fais savoir, et vous vous hâterez de publier les présentes, paraphées de ma royale main.

» Au palais, le 7 mars 1820. »

Décret royal du 9 mars 1820.

« Ayant résolu, par mon décret du 7 de ce mois, de jurer la constitution publiée à Cadix par les cortès généraux et extraordinaires dans l'année 1812, j'ai arrêté de prêter provisoirement ce serment entre les mains d'une junte temporaire, en attendant que les cortès dont j'ai ordonné la convocation soient assemblés, etc.

» Les individus désignés pour former cette junte sont :
Le révérendissime cardinal de Bourbon, archevêque de Tolède, président;
Le lieutenant général don Francisco Ballesteros, vice-président;
L'évêque de Valladolid;
D. Manuel Abady Quiero;
D. Manuel Lardizabal;
D. Matteo Valdemoros;
D. Vincente Sancho, colonel du génie;
Le comte de Taboada;
D. Francisco Crespo de Tejada;
D. Bernado Tarrien;
D. Ignacio Pezuela.

» Toutes les mesures qui émaneront du gouvernement, jusqu'à l'installation constitutionnelle des cortès, seront, au préalable, consultées dans cette junte, et publiées d'accord avec elle.

Signé *moi*, LE ROI.

FIN.

www.ingramcontent.com/pod-product-compliance
Lightning Source LLC
LaVergne TN
LVHW051456090426
835512LV00010B/2174